現在開始擁有對話力

Communication lessons for ages 13 and up

給未來的你，不再害怕對話的力量

監修 田村次朗
譯者 黃詩婷

序言
中村和香正正T
田中詩正
好的，那麼投票結果，二年一班下學期開始，就決定是中村和香同學擔任班長囉～
鼓掌
鼓掌
鼓
……
為什麼啦～!?
我根本不適合當班長啊！
沒有那回事啦。
我也是投給妳耶～
是啊，和香平常都會幫忙大家收拾東西，
而且妳很認真。
那個是……我只是沒辦法拒絕別人的拜託……

中村。
啊，是的。
眞不好意思，現在就要麻煩妳，在下次班會決議出班級公演的劇目和角色，再跟我報告喔。
班級公演……
就是在秋天校慶的時候，二年級每班都要出演的活動。
去年很厲害。
每個班級都很認眞！
班級公演是本校傳統，也是校慶上最重要的活動。班長要以舞臺監督的身分帶領所有人，妳要好好做喔！
小聲……
雖然很辛苦，但加油囉。
去年我社團的學長也是班長，當時眞的是──超級～辛苦的呢……
……
該不會，是因爲這樣才選我的吧!?

唉……
這下子該怎麼辦啊……
喀噠
我才第一次當班長，突然就叫我去做什麼舞臺監督……
冒——出！
妳、妳回來啦！
……!?
等妳好久了，喵～哎呀，腰眞痛。
咦……可疑人物!?
我才不是可疑人物！我是……不對，
在下是從溝通喵星來的**喵咪大大！**喵～

呃，那個，你有什麼事情嗎？
嗯，妳問得好啊！
雖然事出突然，不過希望能讓在下待在妳家一段時間。喵～
啊!?
其實在下並不是這個世界的居民。
我早上出門的時候，不小心踩空階梯、撞到頭，等我回過神來的時候就在這裡了……
我想大概是**異世界轉生**吧！喵。
異世界轉生!?
所以就一陣子……
不行！
口氣堅決
咦～為什麼？喵嗚。
哎呀！當然不行啊，太詭異了……
而且我要怎麼跟家裡的人說啊！
逼近
喔，如果是那樣的話，我已經取得許可了。
妳回來啦～
咦咦咦…!?

唉……偏偏在我情況最糟的時候，還發生這種事情……
是因爲班級公演的事嗎？
咦，你怎麼知道？
呵呵呵，喵咪大大我呀，可是什麼都知道的！喵喵～
因爲我沒有參加社團，其他人就硬把班長的工作推給我，這是什麼下下籤啊～
咚
妳那麼不想做嗎？
畢竟，突然叫我要整合班級什麼的，我根本不知道要怎麼做啊！
要是大家吵起來，感覺好麻煩喔……
有許多人就會有意見衝突，這是理所當然的。喵！

在下的世界也是每天都有很多辛苦的事情，
但是，絕對不會仰賴暴力或權力。
所有問題都以對話來解決，就是溝通喵星的政策喔。喵喵～
對話……所以只要跟大家講話就可以了嗎？
好！就當作妳將照顧我這一段時間的謝禮，我就傳授妳——喵咪大大流派的對話祕訣。喵！
就這樣，我和喵咪大大的奇妙同住生活開始了。
咦咦咦咦咦……

CONTENTS

目錄

MAIN CHARACTERS

主要登場人物

喵咪大大

和香

突然出現在和香面前的神祕生物。自稱是從「溝通喵星異世界轉生」而來的。他說會針對和香的煩惱給予一些建議……？

國中二年級，天性善良、不擅拒絕別人的請求。由於沒有參加社團，所以被推舉成為班長。將以舞臺監督的身分，負責指揮班上在校慶要演出的班級公演。

和香的同班同學。學生會長。個性開朗且表裡如一、乾脆俐落，因此也很受女孩子歡迎。因爲父母過度保護，所以她的煩惱是不能擁有自己的手機。

和香的同班同學。美術社。和爽太從小一起長大，感情很好。母親經營小型診所。想成爲漫畫家，興趣是把自己的作品投稿到社群媒體。

和香的同班同學。足球社常規隊員。運動萬能的努力之人，在班上非常受歡迎。放學後會參加社團或去補習班，每天都非常忙碌。

第1章

所謂「對話」是什麼？

呃，那個——今天要決定校慶上的劇目和角色分配……
那個……那麼，有意見的人請舉手！
寂——靜
唉呀，果然是這樣……
啊！有了、有了！
那個，應該不錯吧——桃太郎！
!?
嘈雜
嘈雜
嘈雜
啊？又不是小學生！
我才不要。
也不錯啊，反正這種東西隨便做做就好。

現代版的桃太郎，怎麼樣？
嘈雜
呃。
桃太郎絕對會跟其他班重複的啦！是不是自己寫劇本比較好呀？
嘈雜
但是有人會寫嗎？
七嘴
那個、
八舌
拜託～認眞點想好嗎！
好累……
妳回來啦～學校如何，喵？
大家都自己講自己的，最後什麼都沒決定……
那樣下去，光是決定劇目就要幾天啊……
嗚嗚
我想，
妳班上的同學，大概都不懂得「對話的方法」吧！喵。
？

CHAPTER 1 COMMENTARY

「對話」與「會話」有何不同？

和香：你說我們不懂「對話的方法」，這是什麼意思呢？

喵咪大大：大家一起決定事情的時候，必須彼此交談對吧？

和香：是啊。所以就跟班上的人一起討論，我們要演哪齣劇還有角色分配……可是大家都自顧自的說，根本沒辦法統整意見。

喵咪大大：那是因為妳、還有妳班上的同學，沒有辦法區分交談的是「會話」還是「對話」啊。喵～

和香：「會話」跟「對話」嗎？

喵咪大大：妳懂這兩者的區別嗎？

和香：我覺得兩個的意思好像差不多。簡單來說，就是兩個人以上以話語交談對吧？

喵咪大大：唔。打個比方好了，如果妳一邊吃晚餐，一邊和家人講話，那是會話還是對話呢？

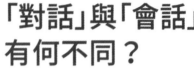

和香　那是會話吧。

喵咪大大　那麼在國際會議中，國家代表們為了避免發生戰爭而進行談話，算是哪一種呢？

和香　咦……這樣的話，感覺好像是對話。

喵咪大大　妳覺得差別是在哪裡呢？喵。

和香　和家人的會話，就只是把想講的話講出來，只因為開心所以說話的「聊天」對吧。國際會議畢竟是開會，所以是為了決定什麼事情而進行交談，這樣想對嗎？所以就跟家人和朋友聊天的時候不一樣。

喵咪大大　妳終於發現啦！會話是用來緩和現場氣氛、或者用來和對方培養感情時進行的活動。而另一方面，對話則是為了解決某個問題，因此讓有著不同想法或意見的人進行交談的。班會可以說是為了解決「必須決定校慶上表演的劇目」這個問題，而用來進行「對話」的時間！喵。

和香　也就是因為大家覺得班會只是「會話」的時間，所以才會隨心所欲的聊天嗎？但就算突然告訴大家「現在是對話的時

CHAPTER 1 COMMENTARY

「對話」與「會話」有何不同？

間！」大家應該也搞不清楚狀況吧。這樣該怎麼辦啊？

喵咪大大　其實關於這點，我本來是希望和香自己好好想想啦，不過畢竟是第一次，我就大放送給妳一個小工具吧。（摸索）……

「發言球」！

和香　發言球？這是什麼？

喵咪大大　這是溝通喵星自古以來流傳的，能夠打造出對話時間的球啊！喵。

和香　咦，聽起來好厲害！所以不管什麼問題，都可以靠這顆球馬上解決嗎？

喵咪大大　怎麼可能啊。球的使用方法是這樣的——只有拿著球的人可以發言，而在那個人說話的時候，其他人都要靜靜的聽。等到那個人發言結束，再把球交給下一個人。重複這樣的步驟，就能讓所有人都發言了。喵～

和香　原來如此，有這個規則的話，大家就不能隨意開口了。

喵咪大大　一方面也是這樣。不過好處主要是可以打造出一個讓所有人發言不被他人干擾，而且能夠確實聆聽所有人意見的地方。

	會話	對話
目的	與對方培養感情、打造出和諧氛圍	解決問題
特徵	以當下氣氛爲優先，避免對立	認同與自己相異的意見、說出眞心話

和香：這樣就不會只有特別愛發言的人一直說，能讓大家都有平等發言的機會也很好呢。

喵咪大大：為了不要讓球總是傳回同一個人手上，最好先決定好拿球的規則。

和香：我覺得只要有這顆球，好像就會很順利！

喵咪大大：嘖嘖，只有使用這顆球是不夠的。和香，你還有另一件重要工作啊。

和香：咦，什麼？

喵咪大大：就是要讓大家好好的說出「真心話」。畢竟大部分的人都不喜歡說出跟別人不同的意見呢。喵～

CHAPTER 1 COMMENTARY

「對話」與「會話」有何不同？

和香　唉呀，好像是耶。總覺得跟別人意見不一樣好像挺尷尬的，不是很喜歡這樣……但是這樣不行嗎？我覺得這樣會比較快整合意見。

喵咪大大　如果大家都這樣隱藏自己的想法，只講一些無關緊要的內容，那就只是為了維持現場氣氛舒適的「會話」啊！

和香　啊～如果變成會話的話，那就沒辦法成為解決問題的「對話」了呢。

喵咪大大　沒錯，剛才我也說過了，因為真的很重要，所以我再說一次。對話是為了解決某個問題，讓有不同想法或意見的人交談的。喵！

和香　不同的想法和意見……說的也是，如果大家的想法和意見都一樣的話，那根本就不需要對話了。

喵咪大大　每個人想法不同是理所當然的，一邊確認自己和對方的意見是哪裡不同，然後跨越那個問題、互相協助，做出大家都能夠接受的結論。這才是「對話的方法」。

和香　因為自己的想法跟其他人不一樣，就察言觀色而不說出真正的意見，這樣是不行的，對吧。

喵咪大大　沒錯，喵。各種不同想法的人交換過意見以後，就會比較容易得到結論。為此不能夠害怕自己的意見和別人對立喔。

和香　我懂了。那麼我在把球給大家以前，會這樣跟大家說明的。

喵咪大大　話說回來，這樣其實不用球也行吧？是這樣沒錯。不管是接力賽的棒子、羽毛球拍，甚至是用轉蛋也可以啦。

和香　機會難得，我還是把這顆球帶去吧。謝謝你，喵咪大大！

再次來到班會時間
今天討論的時候，我想要使用這個。
什麼？
吵雜——
球？
接下來請大家輪流把這顆球傳下去，拿到球的人就可以發言。
不管是什麼意見都可以，還請大家安心說出眞心話！
那麼，就從佐藤同學開始。
咦？呃……
眞的非常神奇。只是用了一顆球，大家就比先前還要能夠好好聆聽別人的意見。
由衆多意見當中，很自然就能夠整理出大家思考的事情，達成一個結論。

眞的非常感謝大家！
那麼劇目就決定是——「羅密歐與茱麗葉」！
金色夜叉 下
羅密歐與茱麗葉 正正
鼓掌
鼓掌
鼓掌
好～
關於角色分配，有沒有人選推薦呢？
有、有！我覺得男主角羅密歐，由爽太來演應該很好！
啊？我……？
不錯耶！
超適合～
不，可是……
我也投爽太一票！
鼓掌 鼓掌 鼓掌
……眞、眞沒辦法！那我就試試看吧！
決定角色分配之後，總算安下心來，但我這時完全沒有注意到，眞正麻煩的事還在後頭……

Nego=chan's Point

喵咪大大的祕訣

明確表達自己的意見、
也要好好聆聽對方的意見

「羅密歐與茱麗葉」實在是很不錯的劇目！羅密歐與茱麗葉雖然相愛，但是兩家人的感情，從以前就非常不好，老是在吵架。結果左右為難的兩個人就……如果兩家人能夠好好對話，那麼他們或許能夠得到幸福。

這件事情姑且放在一邊，和香說因為有些班級甚至因為一直沒辦法決定劇目，最後採用不記名投票的方式。這個做法雖然還算具有公平性，但是以真心話直接討論的班級，大家都比較滿意結果喔。

自己真正的想法和意見，必須明確告知其他人。然後自己也要好好傾聽別人的想法以及意見。在對話的場合當中，希望大家最一開始就不要忘記這兩件事情。這樣一來應該會比較容易得到大家都能夠接受的結論了，喵。

你會怎麼做？

THEME

沒有對話的會議

在一人獨大食品有限公司裡，正在進行新商品的企劃會議。

「現在社會上非常風行粉圓，那我們公司也開發粉圓相關的商品吧。」

社長如此說完以後，其他與會者也略略陳述了意見。

「真不愧是社長，實在是很棒的點子。」

「既然老員工都贊成，我們新人也沒有什麼好說的。」

「有反對意見嗎？……看起來是沒有。那麼下個議題……」

綜上述，這個會議是「會話」嗎？又或者是「對話」呢？

思考提示

乍看之下大家都有發言，所以感覺「對話」似乎是成立的，但這個會議要催生出能讓客人感到高興的商品，應該很困難吧。畢竟所有與會人員都因爲害怕與社長的意見對立，根本沒有說出自己的想法和意見。也就是說，這個會議也不過是場「會話」罷了。沒有對話的會議，要解決「開發新商品」這個問題恐怕相當困難。

如果你是以這間公司的新進員工身分參加這場會議，你會怎麼做呢？

「粉圓的風潮早就過時了。」你能對社長說出眞相嗎？

第一次

學對話

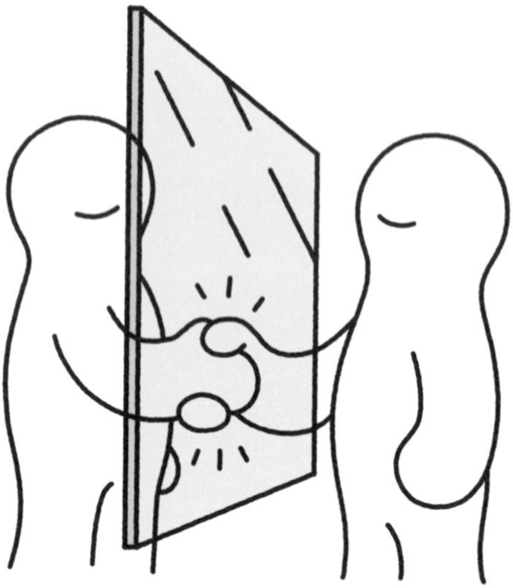

對方和你一樣都是人

無論你和眼前的對象進行的是「會話」還是「對話」，都不可以刻意傷害、惹怒對方，或是說些令對方悲傷的話。或許大家會認為這是理所當然，但想一想，每個人都有過因為一時憤怒，而對朋友或家人說了重話的經驗吧？

尤其是在和想法或意見與你相佐的人說話的時候，很容易變得情緒化。就算將自己的想法說出來，對方也很難理解。結果就會越來越煩躁，而容易粗暴說著：「為什麼你就是不懂我在說什麼！」如果彼此都陷入這種情況，那就只是單純的吵架而已。

如今託了網路和智慧型手機的福，我們隨時可以和世界上的人交流訊息。雖然這樣真的很方便，但也很容易掉入陷阱。

畢竟單純的文字訊息，由於缺乏音調和表情，因此很難完全表達出想法和情緒，甚至可能會有傳達錯誤的危險性。

更甚者，網路還是個可以匿名發表的地方，很容易連面對面不容易說出口的話都能輕鬆寫下，肆意發言。

就算只是隨手寫下的壞話，接收的那一方一樣會受到深刻傷害。最糟的情況是將此做為利刃，奪走對方的性命，這一點還請大家務必時刻警惕。

對方和你一樣都是人。不管是面對面、或是隔著螢幕，只要和人交談，都應當保有尊重與同理，希望大家都把這件事情放在心上。

第2章

有多少人就有多少立場

第一次排練
呃……那麼開始演員的排練……
咦？演羅密歐的爽太同學呢？
啊，他說有社團活動，沒辦法來。
咦？
好像快要比賽了呢。
爽太畢竟是常規隊員啊。
這、這樣啊……那大家就先一起來讀劇本吧！
第二次排練
咦？爽太今天也沒來？
再下一次排練
咦？今天還是沒來？
……

爽太同學！
！
那個，你也差不多該來排練吧？沒有羅密歐的話，大家實在很難繼續排戲……
啊……抱歉，可能這陣子都沒辦法。
對不起，可以先練習沒有我出場的部分嗎？
冒青筋
……當然已經這麼做了。
我說啊，你會不會太不負責了？現在是因爲你的關係沒辦法繼續排練！
……啊？
我又不是無緣無故不去排練的！
為什麼要這樣被妳說啊！
搞、搞什麼啊～～!!

CHAPTER 2 COMMENTARY

試著思考對方的「立場」和「真心話」

在和香的房間

和香　唔哇～我不行啦！

喵咪大大　妳、妳回來啦。戲劇排練還順利嗎？

和香　完全不行！因為演主角的人有夠任性的……事情是這樣的……然後……

喵咪大大　唔嗯，唔嗯。這還真是令人胃痛啊。

和香　不管我說什麼，他好像都聽不進去。我是不是要請老師去跟爽太說啊？

喵咪大大　嗯……我不建議這麼做呢。畢竟就算老師去跟爽太說，他還是那麼忙，反而可能讓他更加反彈。

和香　咦咦～那要怎麼辦才好啊？我已經鼓起很大的勇氣，用比較強硬一點的方式了……

喵咪大大　妳怎麼跟他說的，喵？

和香　我說，「爽太你很不負責，現在是因為你的關係，所以大家沒辦法繼續排練」。

喵咪大大　這樣只會造成反效果呢。就算知道是自己不好，但突然有人對妳說教，妳一定也會覺得不高興吧？

和香　事到如今，我也沒辦法啊……有社團活動的人也不是只有爽太而已，好歹也考量一下，我辛辛苦苦調整大家的排練時間表啊。明明接下這個角色，卻都不來排練，怎麼想都太不負責任了吧！

喵咪大大　唉呀，冷靜點。我了解和香的心情啦，但是一味生氣只會看不到問題的本質喔。

和香　問題的本質？

喵咪大大　現在和香跟爽太之間有什麼樣的問題？

和香　咦？……應該就是「爽太同學都不來排練」？

喵咪大大　爽太沒有來排練是現在的「狀況」喔。爽太沒有來排練，造成了什麼樣的問題？

和香　呃……戲劇排練無法照預定進行？

CHAPTER 2 COMMENTARY

試著思考對方的「立場」和「真心話」

喵咪大大　沒錯。這個情況下，問題是「排練無法照進度進行」，爽太並不是問題本身喔。思考的時候要先這樣將「人」和「問題」區分開來。

和香　咦？但那是因為爽太沒有來，排練才沒辦法繼續啊。這樣的話，難道問題不是在爽太身上嗎？

喵咪大大　如果把「人」當成問題的話，就會因為「不順利都是這傢伙害的！」而感到憤怒對吧？在這種狀態下交談的話，就只會演變成互相攻擊而已，根本沒辦法解決重要的問題。

和香　……

喵咪大大　人對於與自己持相對立場的人反感是理所當然的。但在這樣的心態下，試著進行對話來解決某件事情，反而會變得非常情緒化，最後一定會失敗的，喵。

和香　的確，我跟他講這件事情的時候，到後來就只是吵架。

喵咪大大　和香煩惱的是「該怎麼讓爽太來排練呢」對喵？妳可以試著改變一下思考方式。

和香　改變思考方式？

▶ NEGOTIATION LESSON

採取該「立場」的理由

	和香 	爽太 
立場	希望爽太來排練	希望自己不參加，班上也能繼續排練戲劇
眞心話	想所有人一起排練戲劇	有比排練戲劇更重要的事情

喵咪大大：也就是說，解決方法不是只有「讓爽太來參加排練」而已。面臨問題的時候，人們很容易認為「結論要從兩者中擇一」。也就是「非黑即白」、「非善即惡」、「是否參加排練」。但是思考模式不同的話，解決問題的方法也會有很多種的，喵～

和香：就算叫我變換思考模式，我也不知道該怎麼……現在很難馬上想到。

喵咪大大：不需要馬上想到啊。對話當中最重要的事，其實是思考對方的「立場」和「真心話」。

和香：「立場」和「真心話」？

CHAPTER 2 COMMENTARY

試著思考對方的「立場」和「真心話」

喵咪大大　當事者所主張的要求就是「立場」，而採取該立場的理由就是「真心話」。當雙方的「真心話」都能夠感到滿意的時候，兩個人之間的問題才算是解決了，喵。

和香　嗯……有能夠令雙方都滿意的解決方法嗎？爽太同學如果能夠減少社團活動時間，事情就能順利解決啦。

喵咪大大　妳一直沒辦法脫離「爽太不聽自己說些什麼」的感受，這樣表示完全沒辦法符合爽太那邊的「真心話」喔。這時候應該要思考的是「自己能否為對方做些什麼」。

和香　咦咦？明明是對方給我添麻煩，但是我得去幫他嗎？

喵咪大大　妳又情緒化啦。先把對於對方的怒氣放下，如果有很多能夠幫對方做的事情，就表示會有很多解決方法呢！

和香　嗯……可是我跟爽太同學又不是很熟……

喵咪大大　這樣的話，就得要更加熟悉爽太同學的事情。說起來，爽太真的想演主角嗎？

和香　咦？大家都推薦他，而且提名的時候他也答應了。

喵咪大大　他是不是其實不想演，但因為現場氣氛讓他無法說出口？

和香　唔～嗯，好像是有種難以拒絕的感覺。

喵咪大大　如果是這樣的話，對爽太而言，與其去排練他根本不想演的戲劇，當然還是社團活動比較重要吧，喵。

和香　……

喵咪大大　目前資訊還不足啦。關於爽太真正的想法，還是得問他本人才會知道。最重要的就是得先聆聽對方說些什麼。

和香　……我知道了。明天我會再試著跟爽太同學談談。

喵咪大大　真是好決定。我會幫妳加油的！喵。

爽太同學！
啊……
那個，眞抱歉啊，昨天我說得那麼重。現在方便說話嗎？
啊、嗯。
爽太同學，社團活動很忙碌吧。
……嗯。
昨天我沒能好好聽你說，眞是抱歉……爽太同學你的問題，可以詳細跟我說明嗎？
……因爲快要比賽了，所以沒辦法休息。
……還有補習班。因爲我跟家裡約好，要把書也讀好，才能繼續踢足球……
這樣啊，那就兩邊都沒辦法休息呢。
嗯。

我很抱歉，沒辦法去排練，
但老實說，我根本沒想過自己得演主角。
雖然，當時順勢接受了……
能幫爽太同學做的事情……
那麼，乾脆就不要演羅密歐了？
咦？
找能夠演出的人代替你吧！畢竟是羅密歐，我想應該會有很多人想演的。
如果可以的話，我真的會鬆口氣。
我也會一起找代演的人。
早知道應該早點跟妳商量。
……謝謝。
請多多指教囉！

Nego=chan's Point

喵咪大大的祕訣

思考「能爲對方做些什麼」

和香似乎想到了能順利解決事情的辦法唷。好好聆聽爽太的意見，思考能夠為他做的事情。然後懷疑「爽太演主角」這個前提本身，就能夠想到「換一個人演」這個全新的解決方法。真是太好啦！喵～

面對與自己立場相對的人，試著以談話方式來解決某件事情的時候，人們很容易想著，只要達成「讓對方聽自己說的話」或「自己忍受聽對方的話」就是終點。但其實對談可不是戰爭。對方並非敵人，而是要一起解決問題的夥伴喔。

就算一直主張「不幫我〇〇就很麻煩！」對方也只會更加不情願。首先要好好聆聽，了解對方所求的是什麼。然後我希望大家能想想「自己能夠為對方做些什麼」。這樣一來，一定能夠找到兩全其美的解決方法啦！喵。

你會怎麼做？

THEME

爭奪橘子的姊妹

姊妹倆為了一顆橘子而吵架。
就算爸媽出面調節：「一人一半就好。」
兩人也都說：「我現在就是要一整顆！」怎樣都不肯退讓。
但是好好談過幾分鐘後，終於能以兩人都滿意的方式分橘子。
到底是怎麼辦到的呢？

思考提示

請闔上書本稍微思考一下。兩個人都要求要「一整顆」，所以把橘子分成兩半是沒有辦法解決問題的。另外「這次全部給姊姊，下次再全部給妹妹」這種方法，當下只能符合一個人的要求，所以也不能說是「兩全其美」的方法。

透過對話發現，其實姊姊是想要吃橘子果肉，而妹妹是想要橘子皮來做橘子果醬。乍看之下，兩人的主張相互對立，但其實只要好好聆聽對方的要求，很輕鬆就能解決問題了。這樣一來，大家就能了解在交談的時候，「好好聆聽對方說的話」是有多麼重要了吧。

第一次

學對話

讓對方願意坐上談判桌

為了解決事情而必須和某個人交談時，又不巧對方的心情不是很好。如果這時對方失去冷靜，根本沒辦法好好交談的話，應該怎麼辦呢？

如果對方的態度不是很好，或者單方面不斷主張自己的要求，那麼想當然爾，你一定很受傷、也會不高興。但若同樣以強烈的言詞回嘴，或者自己也因此而態度不佳，其實只會造成反效果。話雖如此，若是太過小心翼翼而過於謙卑的話，也就無法站在對等的立場上對談。

如果變成這種情況，那麼就

要避免因為對方的態度和言詞產生情緒化反應，請試著冷靜下來詳細詢問對方「為什麼你會這樣想？」「可以讓我仔細聽聽你的想法嗎？」

冷靜聆聽對方究竟是要說些什麼、為何他會如此思考，然後接收這些東西，就是開啟雙方坐在談判桌的第一步。只要讓對方感受到自己的意見，是有被認真接收下來，他也會逐漸意識到「不需要咄咄逼人」。

還請務必記得，這個時候「接收」對方所說的內容，和「接受（贊成）」那些內容是完全不同的兩件事情。

在尊重對方主張的同時，明確主張自己的想法和權利，這一種溝通的手法在英文中稱之為「assertiveness（理直氣和）」。

即使花費時間，也要先仔細聆聽對方說些什麼，這樣一來，就算是不好應付的人，也能夠一起和氣的坐在談判桌前對話。

第3章

被拒絕的話該怎麼辦？

原來如此，我搞清楚是怎麼回事了。
欸，拜託啦！我們是好朋友吧？
抱歉，沒辦法。
爲什麼……
嗯……
我很怕上臺啊，要在那麼多人面前說話的角色，我實在是沒辦法……
只、只要練習就沒問題的！
是啊！你很機靈，做就會了啦！
唔～嗯……
還是不行，抱歉！我還要準備大型道具，先走囉。
……
看來，你們有困難呢。
冒出
唔哇！

CHAPTER 3 COMMENTARY

交涉之前，需要進行「準備」

爽太　等等、你、你是誰？

喵咪大大　在下乃喵咪大大，是來傳授你們美好建議的。

和香　爽太同學，是這樣的……所以現在，喵咪大大似乎是要教導我們對話的祕訣。

爽太　喔……那麼，也能幫我們解決這次的代演問題嗎？

喵咪大大　真不愧是足球社速度之星，理解的真快。但是要解決這個問題的還是你們喔。

和香　我是覺得很感謝啦，可是會不會來得太慢了？本來想拜託晴人同學代替爽太同學演出，但他直接了當的拒絕了。

喵咪大大　呵呵呵，我一直看著你們，所以都知道囉。你們知道自己為什麼被拒絕嗎？

爽太　他說他不敢上臺。那傢伙雖然有點內向，但很機靈的，照理

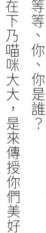

喵咪大大　說應該沒問題啊。我一開始可是有考量到這些。你都把他看得那麼清楚了，結果卻還是失敗，表示事前準備不足，喵。

爽太　準備？只是要拜託他代演，需要做到那樣嗎？

喵咪大大　當然啦。足球也是啊，你們會在比賽前分析對手的隊伍吧？特別像這次如果是要拜託某個人做事的時候，更需要準備喔，喵。

和香　要做哪些準備呢？

喵咪大大　去拜託對方之前，要先整理出「狀況、目標、替代方案」三個東西。我先來問問和香，現在是什麼「狀況」？

和香　唔……「尋找幫爽太代演的人」。

喵咪大大　那麼「目標」又是什麼呢？

和香　是「晴人同學接受代演」嗎？

喵咪大大　那麼爽太，沒有達成目標的「替代方案」是什麼？

爽太　咦！唔……就算問我，我也不知道啊。畢竟根本沒有想到會被拒絕。

CHAPTER 3 COMMENTARY

交涉之前，需要進行「準備」

喵咪大大　結果就變成這樣啦。沒有思考被拒絕的狀況，就是你們失敗的原因。

和香　原來如此。所謂「準備」，是要事先思考「如果沒有達成目標的話該怎麼辦？」對吧。

喵咪大大　正是如此，也就是所謂的「計畫B」。

爽太　等發生了再來想就好啦。

和香　欸，是不是想想能為晴人做些什麼比較好？

爽太　為了晴人？

和香　沒錯。畢竟是我們希望他去演主角啊。如果相對能提出為他做些什麼，說不定他就會答應啦。

喵咪大大　喔喔？和香似乎稍微抓到了對話的訣竅呢。

爽太　比方說，我去幫他做他原先的大道具工作之類的？如果是做道具，應該只要我另外排時間就可以了。

和香　那不錯啊！喵咪大大覺得如何？

喵咪大大　嗯，還不壞啦。這種事先準備好，對方拒絕自己期望時的替代方案，就稱為「BATNA」喵。

爽太　BANANA，香蕉？

喵咪大大　不是BANANA，是「BATNA」啦。原文是「Best Alternative to a Negotiated Agreement」（談判協議的最佳替代方案）。爽太的最佳替代方案就是「替代晴人的工作」。那麼，和香的最佳方案是什麼？

和香　咦咦，我的最佳方案？

喵咪大大　妳怎麼一臉這是爽太跟晴人兩個人的問題啊。說起來，這可是整班的問題吧？喵～

和香　說起來的確是這樣。嗯……那麼我的最佳方案是……「請班上其他同學接下代演工作」嗎？對我來說，畢竟已經在排演了，所以代演不管是誰都沒有問題。

喵咪大大　很好、很好。最後來想想晴人的最佳方案。

爽太　咦！晴人的最佳方案？

喵咪大大　要先站在晴人的立場思考一下，「這樣的話我就可以接」的情況啊。這樣一來，不管我方提出什麼，應該都會比較容易得到彼此都可以接受的結論。

CHAPTER 3 COMMENTARY

交涉之前，需要進行「準備」

爽太　嗯……這次他是用「我害怕上臺，所以沒辦法演要在那麼多人面前講話的角色」。這麼說來，他也許願意演沒有臺詞的角色嗎？

和香　角色裡面的確有人是沒有臺詞的。就是被稱為助演的那些人，他們會在各種場景中出現，負責演路人之類的。

喵咪大大　但不確定晴人是不是真的這樣想喔，像這樣化身為對方、或是回顧先前的對話，想像對方的最佳方案，也是非常重要的準備之一。

爽太　但要想像別人腦中想的事情很難耶。

和香　啊，原來如此。為了要考量對方的最佳方案，重要的是聆聽對方說些什麼吧。

喵咪大大　就是這樣。對話可不是一次決勝負的遊戲。就算不順利，也可以根據對方告知的資訊來調整最佳方案，或是改變接洽的方法之類的，可以重複挑戰啊！喵～

爽太　原本我一心想著要讓晴人幫我代演，但其實也可以讓其他人來演，然後晴人補上那個人的位置對吧。

▶ NEGOTIATION LESSON

	晴人
狀況	被拜託代替爽太演主角
目標	害怕上臺， 所以不想演有臺詞又那麼顯眼的角色
替代方案 (BATNA)	如果是沒有臺詞的角色，或許可以接受

喵咪大大　沒錯。說到底，目的是「依照進度排練戲劇」，所以拜託晴人代演這件事情不過是達成目標的手段之一。

爽太　那麼只有我們在這邊談也無法解決吧。

和香　是啊，我們和大家一起商量吧！

事情就是這樣，現在有沒有人願意代演羅密歐一角呢？
那個！
女生是不是也可以演呢？
小葵！
畢竟我是學生會成員，所以先前才想說當個沒臺詞的助演就好……
但是機會難得，我還是想演個能留下回憶的角色！
謝、謝謝妳！務必拜託妳了！
但是助演的話，又該怎麼辦？

……晴人。
你可以負責助演嗎？
助演沒有臺詞，我覺得你應該能辦到。
鞠躬
拜託了！大道具的部分，我會想辦法好好接應的！
……眞拿你沒辦法。
爽太，那大道具就交給你囉。
當然了，交給我！

Nego=chan's Point

喵咪大大的祕訣

不要過於被束縛在
單一條件或手段當中

決定了代演者，總算是解決了一件事情。說起來和香跟爽太實在是太過指望晴人接受代演一事。所以被晴人拒絕的時候，才會覺得萬事皆休矣。但實際上根本不是這麼回事。以足球來舉例的話，就只是一次射門被擋下來而已，但是要進球可還是有無數路線啊！喵。

為了解決尋找代演者這個問題，改變處理的方式，換成與班上的人商量，是個很好的判斷。如果他們堅持要說服晴人，可能就沒辦法這麼快解決。

當眼前的問題很難解決的時候，千萬不要拘泥於單一條件或手段，而應該試著自由思考不同方向的可能性，才是走向解決的捷徑。就算是有非常棘手的守門員，只要想辦法改變攻擊方式，一定能夠進球得分。

你會怎麼做？

THEME

要怎麼把車子賣個高價

佐佐木先生為了賣車而前往二手車行Ａ。
他希望盡可能把車子賣個高價。
「90 萬日幣如何呢？」
「請讓我考慮一下。」
佐佐木先生如此回答後，又走向另一間二手車行Ｂ。
「敝店可以用 95 萬買下。」
這個鎮上已經沒有其他二手車行。那麼佐佐木先生應該採取什麼行動呢？

思考提示

只用收購價格來判斷的話，應該是賣給Ｂ店比較划算。但是請大家再思考一下。佐佐木先生的目標是「盡可能賣高一點」。比方說，若是再回到Ａ店去交涉「希望你們能用高於 95 萬的價格收購」的情況如何呢？因爲這和先前造訪Ａ店的時候不同，第二次前來的佐佐木先生已經有了「如果不能用高於 95 萬的金額收購，那我就賣給Ｂ店」這個最佳替代方案了。

Ａ店並不一定就會讓佐佐木先生順心如意。但就算是被拒絕了，Ｂ店也願意用 95 萬收購，所以並不會造成佐佐木先生的困擾。另一方面，Ａ店則有可能失去收購車子的機會。正因爲準備好了最佳替代方案，佐佐木先生也就能安心與Ａ店交涉了。

第一次

學對話

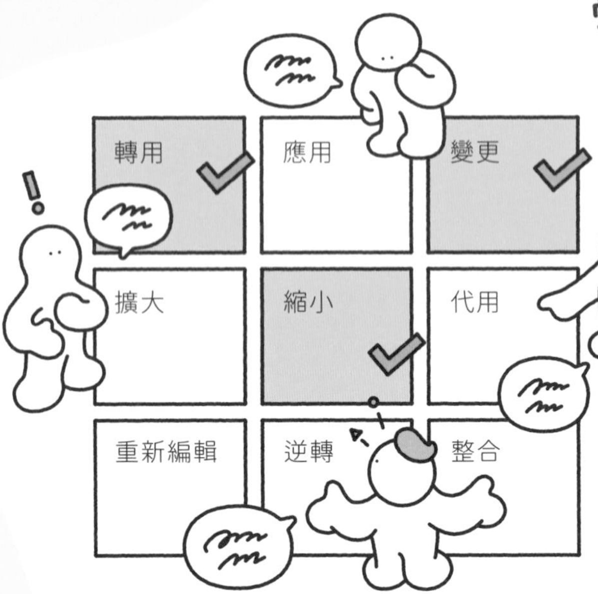
轉用
應用
變更
擴大
縮小
代用
重新編輯
逆轉
整合

奧斯本檢核表

為了解決問題而需要提出方案的時候，可以用來作為思考基礎的就是「奧斯本檢核表」。

清單由以下九個項目構成，思考適合填寫在每個項目當中的方案。①**轉用**：試著使用那些已經用在其他地方的方案。②**應用**：模仿在其他地方能夠順利運作的方案。③**變更**：試著將相同的東西稍作變化。④**擴大**：試著擴大規模或時間。⑤**縮小**：試著縮小規模或時間。⑥**代用**：活用替代的人事物。⑦**重新編輯**：試著改變順序之類的東西。⑧**逆**

轉：試著改變立場去思考。⑨**整合**：試著將兩個以上的項目結合在一起。

接著來看看具體問題和使用這個檢核表，所想出解決辦法的範例：在某間國中裡，男女籃球社在放學後會隔日輪流使用體育館。由於大賽接近，所以雙方都想要增加在體育館練習的時間。接著我們就用檢核表來思考一下各種方案。①**轉用**：去借附近小學的體育館。②**應用**：調查其他學校如何針對這樣的問題來分配使用體育館。③**變更**：思考在體育館以外的練習方法。④**擴大**：加長每天的練習時間。⑤**縮小**：縮短練習時間，每天都輪流練習。⑥**代用**：無法使用體育館的日子，在其他地方練習。⑦**重新編輯**：放學後無法使用體育館的話，就在上課前練習。⑧**逆轉**：無法使用體育館的日子，去對手學校進行練習比賽。⑨**整合**：男女一起練習。

像這樣增加各種方案，應該就能更加快速解決問題。當思考停滯不前的時候，請試著活用這個檢核表。

第4章

如果班上發生對立？

請小葵當羅密歐之後，又開始重新排戲。
阻擋在妳我之前的高牆，我將戴著戀情之翼飛越。
閃亮
小葵眞厲害……非常熱中練習，眞是可靠！
然而……
小葵，怎麼啦？
嗯……總覺得整體來說，好像缺乏高潮感呢……
對了！
靈機一動
要不要乾脆在這齣劇中，加上歌曲和舞蹈，做成歌舞劇呢？
反正要做，就跟其他班不一樣吧！
好像很有趣耶～！
很棒耶！
啊啊啊～!?

妳幹嘛突然說這些話啊!?
那樣的話，表示所有人都得馬上背歌和舞蹈嗎？
嘈雜
嘈雜
嘈雜
現在開始練習就來得及啊！好嘛！就一起……
不可能，不可能啦！想做的話妳們自己去做！
啊？說這什麼話啊！
歌舞劇不是很好嗎！
班長！妳也說點什麼吧！
咦？呃……
瞪視！
啊……大家明天好好談談吧！

CHAPTER 4 COMMENTARY

找出能夠使雙方都滿意的著陸點

和香的房間

和香　我回來了～唉……

喵咪大大　妳回來啦，看來又有問題。

和香　嗯。其實就是……如此這般……所以班上同學發生對立。

喵咪大大　喔喔，就像是劇中的蒙太古家與凱普萊特家呢。

和香　好不容易才要順利進行了，又變成那樣的話，不管是哪邊贏了都會心存芥蒂。

喵咪大大　無論是哪邊贏？和香，我先前也說過……

和香　我知道。你是要說對話不是戰爭，所以結論也不是兩者擇一對吧。但是這種情況下，不是只有做或不做歌舞劇的兩種選擇嗎？

喵咪大大　唉呀，不要那麼急著下結論，首先要試著以「雙贏」為目標讓班上同學對話啊。

和香　雙贏？

喵咪大大　就是雙方都獲勝的意思。遊戲或運動比賽通常只會決出一個優勝者，但世界上有能夠讓自己和對方都獲勝，達到雙贏狀態的情況。

和香　雙方都獲勝？不是平手？

喵咪大大　如果是對雙方都有利的圓滿結果，那就不算是平手吧。

和香　也就是說，要找到能夠讓雙方都滿意的「著陸點」？

喵咪大大　喔喔，妳知道這個頗為成熟的詞彙啊！喵。

和香　但能找到嗎……

喵咪大大　沒問題。就算現在對立，班上的人目標還是一樣啊。

和香　嗯！說的也是。我會試著以雙贏作為目標。

喵咪大大　很好～喵。這樣決定目標的話，和香就會需要「Conflict Management」的能力。

和香　唔哇，那又是什麼啊。我來查一下英文字典。Conflict 是對立、衝突；Management 是管理……所以意思就是「衝突管理」？

CHAPTER 1 COMMENTARY

找出能夠使雙方都滿意的著陸點

喵咪大大 衝突管理，意思是將原本情況不是很好的對立，調整成比較正面的走向，引領大家走向協調的力量。

和香 聽起來就好難喔。

喵咪大大 首先最重要的是，不能讓班上的對話走上不對的方向。

和香 不對的方向？

喵咪大大 出現了以下的四種狀況的話——

①競爭：持續對立到有某一方獲勝。
②迴避：為了避免對立而刻意拉出距離。
③讓步：有一方直接接受另一方的說詞。
④分配：將兩方的說詞各取一半，結果雙方都感到痛苦。

這些都很難說是理想的解決方法。

和香 確實聽起來都不是很好。雖然分配聽起來還滿公平的啦……但若是雙方說法都採用，就變成前半是白話劇、後半是歌舞劇？這實在是不可能。

喵咪大大 和香妳要做的事情，就是讓討論不能走向這種情況，不可以著急、不可以逃避、要好好用對話來解決問題，引導大家走

向協調。喵～

和香：唔……我能做好嗎？今天大家還滿激動的。

喵咪大大：妳覺得為了讓大家冷靜對話，應該要怎麼做？

和香：呃，首先讓大家在能夠好好看著彼此的距離坐下……對了，應該也可以再次使用發言球吧？

喵咪大大：很好。先前也說過，不能夠否定任何意見，必須好好聆聽才是最重要的，喵。

和香：還有，在討論的時候，把大家的意見記錄下來好像比較好。

喵咪大大：嗯嗯。讓討論目的以及意見變成「可以看見的東西」，也是很重要的喔。

和香：可以看見的東西？

喵咪大大：比方說，一開始就把討論目的寫在黑板上。然後把變更為歌舞劇的理由寫在黑板左邊，維持白話劇的理由寫在右邊，如果有其他意見就寫在中間。

和香：原來如此。這樣就能夠一眼看到所有人的意見，也更方便讓大家比較優缺點。就像是讓大家在討論時不會迷路的地圖！

CHAPTER 1 COMMENTARY

找出能夠使雙方都滿意的著陸點

喵咪大大　而且把發言內容寫成文字，也比較容易把別人的意見和自己的意見分開來思考。

和香　這樣一來，自己的意見就比較不容易被先前發言的人的意見帶著走？

喵咪大大　就是這樣。不要因為發言者是誰，只根據意見來下判斷是很重要的。還有另一點，就是必須看清楚那個意見，是不是有建立在客觀事實上。

和香　我想大家應該沒有說謊啦。

喵咪大大　比方說，如果有人說「要記住舞蹈很簡單啦，我覺得大家應該一天就能練好了」的話，妳覺得如何？

和香　咦，一天嗎？有可能嗎……

喵咪大大　在下也會這樣懷疑。或許那位同學有學過舞蹈，自己有相關的經驗。可是那也只是他自己的經驗，很難說是符合大多數人的客觀事實。喵。

和香　原來如此。雖然不需要刻意否定，但還是得確認是否為客觀事實。

使用黑板或白板，在大家都能看見的地方，記下每個人提出的意見來進行討論。

喵咪大大

應該會有很多意見，但討論的時候如果大家陷入迷惘，那就一起確認寫在黑板上的「目的」。不管是歌舞劇派還是反對派，目的都一樣是「希望這齣劇更棒」。如果大家能夠一起想出新的解決辦法，討論就成功了！喵。

和香

嗯，說得對。我就試著不要著急、不要逃避，請大家一起來解決問題。

那麼，我會負責記錄，
大家可以重新告訴我，你們的意見嗎？
我覺得，既然要做就應該讓觀眾感到開心，
如果有歌曲和舞蹈，感覺上比較華麗，我想一定會更棒的。
……我反對現在才要做新的東西。反而不如提高目前排練的完成度比較好吧。
大家都一樣希望「把這齣劇做得更好」呢。
我調查了一下，以往來看歌舞劇的觀眾人數，會比白話劇多一點。
歌舞劇比較受歡迎的確是事實。

我姊姊在大學有表演歌舞劇，真的非常辛苦喔。
尤其是舞蹈必須從編舞開始做起……
只剩下一個月，好像不太可能完成呢。
嗯……但又覺得的確把歌曲加進來會比較好。
啊，那麼做成單純的音樂劇形式呢？放棄舞蹈，只有重要場景時，大家一起唱歌之類的。
確實，舞蹈很辛苦呢～
只有歌曲的話好像能辦到！
……如何呢？
……唔、應該行吧。
那就決定囉。
好！那麼就重新開始練習吧！

Nego=chan's Point

喵咪大大的祕訣

與其最好，不如更好

看來和香讓大家重新團結了。說到底，要找到所有人百分百接受的解決方案真的是非常難。與其找到最好的解決方法，不如找出大家都覺得「這樣也不錯」，比原先更好的著陸點。

支持歌舞劇的一派，對於得要放棄舞蹈或許會覺得遺憾，但反對派也還是要背歌詞，可能覺得負擔還是變重了。不過這是雙方互相妥協的結果，並不是「兩邊都痛苦」的。畢竟雙方都認同加上歌曲元素後，戲劇的完成度確實會比先前還要高。

不要拘泥在「要做歌舞劇還是不要做」這種二選一的結論上，而是提出新的意見「添加音樂元素」，結果就提高了所有人的滿意度。如果能夠達成這樣的結果，那麼對立也不是件壞事，喵。

你會怎麼做？

THEME

政治家的選擇

有兩個人前去某位政治家服務處請願。
A 先生：「請開墾森林、建設工廠，讓這個城鎮的產業振興起來吧！」
B 先生：「請保護自然、設立公園，打造一個能好好養育孩子的城鎮！」
兩人收集來的連署量，A 先生顯然是壓倒性的勝出。
如果你是政治家，你會以誰的意見為優先呢？

思考提示

以多數決得出結論，最具代表性的例子是政治和選舉。所謂「多數決原則」，就是直接採用多票數的選項，其優點是能夠讓大多數人滿意、也能夠以最快的方式得到結論。但千萬不能因爲多數人的選擇，就忽略了少數派的意見。因爲少數派的意見並非錯誤、也不是毫無價值。

同時兼顧多數決的原則以及少數派的權益，施行起來是非常困難的。但是若站在必須決策的立場，就得要誠實尋找能夠不違反雙方意見的道路。

第一次
學對話

腦力激盪，提出點子

許多人聚集在一起，紛紛提出點子的行為，稱為「腦力激盪」。

大家一起提點子的話，就能從別人那裡聽到自己無法想到的東西，也可以把不同的點子結合起來，進而產生新的方案。

做法非常簡單，請大家針對主題自由提出意見，然後寫在便條紙或白板上，讓所有人都能看見這些意見。規則只有一個，就是不能否定任何意見。即使是相當不合理、或看起來沒什麼用的也沒關係，重點是大家要接二連三提出意見。或許有人會因為某個獨特的點子受到刺激，進而想出更好的觀點也不一定。像這樣「擴散」點子，也是腦力激盪的用意之一。

那麼我們來思考一下用腦力激盪評估「讓更多客人前來校慶」的方法吧。「請朋友帶爸媽或兄弟姊妹來」、「準備參加禮」、「請名人幫忙公告消息」、「同時舉辦考生商量會」、「在車站前發傳單」、「招待其他學校的學生」、「找和名偶像當特別來賓」……

擴散意見以後，接下來是「收攏」。收攏指的是整合意見。比方說「大家都能做的事情」以及「會花錢的事情」等等，將大家的意見統整為幾個不同的分類。實際上能不能做，在這個階段評估就可以了。

收攏之後留到最後的意見，想來應該就是針對「讓更多客人前來校慶」最有效的方法了。

第5章

恢復常規隊員身分！

那個，爽太同學你沒事吧……
我被球隊踢除常規隊員身分了。
咦？
前天，教練忽然就……
等等，教練！為什麼我變成板凳球員！
爽太，你最好還是停下腳步想想。
這是已經決定好的事情。
搞什麼啊……我一直都在拚命練習啊……
爽太同學……
我聽說啦。
冒出
唔哇!!

CHAPTER 5 COMMENTARY

從多方不同觀點來思考

爽太　我說你啊，不要突然冒出來好嗎！

喵咪大大　爽太，你覺得自己為什麼會被剔除常規球員的資格？

爽太　你也先聽我說……那個取代我上場的一年級學生，是個超級會傳球的傢伙。教練很喜歡他，而且教練自己學生時代好像也是那種球員。

和香　爽太同學你不是嗎？

爽太　我比較擅長盤球突破對方防守，而不是傳球過人。我想教練一定覺得我是只顧出風頭、自大踢球的傢伙，所以才把我從常規球員剔除的。

和香　你有好好問教練原因嗎？

爽太　我問啦，但他只說「這是已經決定好的事情」就不理我了。反正一定是我想的這樣。

喵咪大大　喔？但聽起來相當有偏誤。

爽太　偏誤？

和香　啊，我有聽過這個名詞，就是自己認定或者先入為主，所以抱持特定看法對吧。

喵咪大大　沒錯。機會正巧，我就介紹幾個比較常見的偏誤給大家。第一個就是「確認偏誤（confirmation bias）」，也就是為了肯定自己的想法和假設，只收集對於自己比較有利的資訊。比方說是「社群媒體上有很多跟自己意見相同的人，所以我是正確的！」這種狀態。

和香　的確很容易有人說什麼「大家都是這麼說的」。

喵咪大大　第二種就是「認知偏誤（cognitive bias）」，也就是靠著自己的直覺、先前所見所聞造成的先入為主觀念，以相當不合理的方式思考事物。比方說，看到飛機失事記錄片的人，可能會嚷嚷著「飛機太可怕了，還是搭車去旅行吧」，這種情況就是偏誤。因為實際上，汽車意外可是比飛機事故來得更多。

CHAPTER 5 COMMENTARY

從多方不同觀點來思考

和香：這個感覺也很常見。

喵咪大大：第三個就是「無意識偏見（unconscious bias）」，顧名思義，屬於下意識的偏見。像是不小心就脫口而出「女生當學生會長很稀奇」之類的，喵。

和香：啊～這麼說來，小葵就曾經被她叔叔這樣說過，她還大發脾氣呢。

喵咪大大：每個人都會有偏誤。正因如此，時時確認自己思考事情的時候，是不是一心認定某種想法，或有什麼先入為主的觀念是很重要的。

爽太：這個我也明白，但你說我有偏誤是什麼意思啊？

喵咪大大：爽太你說「反正教練就是這種人」，不就是自己認定了教練為人和他的想法？

爽太：我沒有認定啊。

和香：可是你沒有從教練口中問出詳細理由吧？

爽太：……

喵咪大大：對現在的爽太來說，需要的是「子彈時間思考法」，來改變

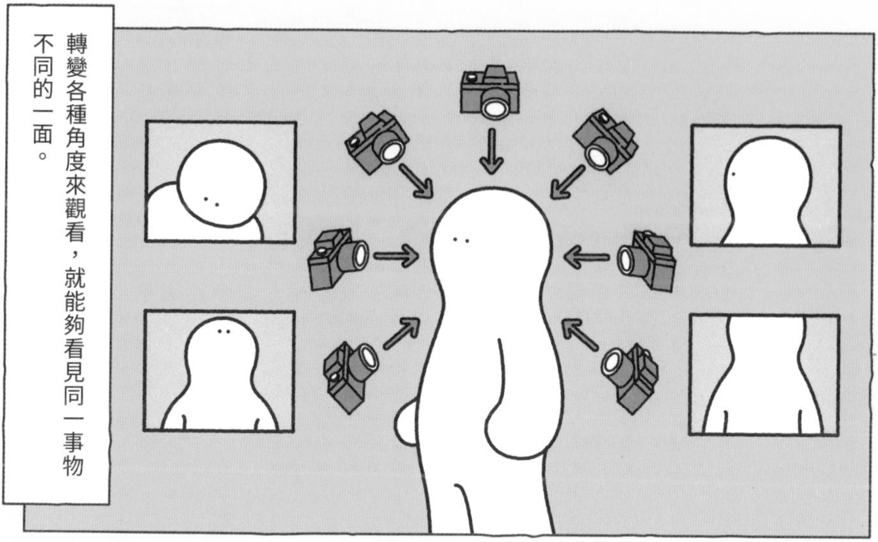
轉變各種角度來觀看，就能夠看見同一事物不同的一面。

觀點思考這個問題。

和香：又出現了好難的詞彙。

喵咪大大：子彈時間是拍攝影片的一種技巧，由好幾個鏡頭環繞拍攝一圈，利用時間差來連續拍攝的手法。

爽太：攝影技術跟現在這件事情有關係嗎？

喵咪大大：也就是說重要的是，要從各種角度不同方向來看。受到偏誤影響的人，大多只從單一方向看待那件事。要先拋棄內心認定或先入為主觀念，改變觀點思考一下。

爽太：就算這樣跟我說，我也只有自己的觀點啊。

CHAPTER 5 COMMENTARY

從多方不同觀點來思考

喵咪大大 和香應該也認識教練吧？

和香 嗯，是教理科的藤田老師對吧。我不清楚他在足球社的情況，不過他課堂上總是悉心教導，講課很容易理解。他對每個學生都很關注，所以我不認為他是會特別偏心哪個學生的老師。

喵咪大大 從和香的觀點看來，他是個相當為學生著想的好老師。爽太覺得這點如何？

爽太 唔，班長說的確實沒錯……

喵咪大大 這樣的老師，有可能因為自己喜歡哪種踢球方式，就選擇那個選手嗎？

爽太 ……不像是。

喵咪大大 那接下來我們試著用教練的觀點，來轉換思考問題。

爽太 化身為教練來思考嗎？

喵咪大大 沒錯。如果站在教練的立場，比方說可能是「想要強化隊伍的傳球工作」之類的，可能有很多想法。

爽太 嗯……這麼說來，他好像跟我說什麼「你最好還是停下腳步想想」。這表示不當常規球員是為了我嗎？不會吧？我可是為了當常規球員才拚命練習的，教練應該也知道啊……

喵咪大大　改變觀點的話，就比剛才更冷靜許多面對問題。但真正的情況，還是得好好問教練才會知道。

爽太　說的也是。但先前他就不理我啊……如果又問一樣的事情，他會好好跟我說嗎？

和香　唉呀，藤田老師有時候就是話說得不夠清楚啦。上課有時候也是說明得不夠清楚，還會被學生拿來開玩笑呢。

喵咪大大　爽太，你最好不要用「為什麼把我踢除了！」這類好像責備的語氣質問。這次要冷靜點，告知對方「可以告知您的想法嗎」看看。

和香　我想沒問題的，藤田老師應該會好好告訴你。

爽太　……說的也是。一直消沉也做不了什麼事情，我再去跟教練談談吧。謝謝你們啦！

教練，先前實在相當抱歉。
因爲我想告訴隊員們，變更球員的理由，還請您詳細告訴我！
……爽太，你眞的很努力。
你總是帶著隊伍跑，我知道不管早晚，你都比任何人都還要勤於自主練習。
既然如此，爲什麼……
正因爲如此啊。
爽太，你練習過度了。這樣下去沒多久就會受傷的。
！

畢竟你就是這種人，只要還是常規隊員，你肯定會拚了命練習。
我希望你記得，如果想長久踢下去，偶爾也是要休息的。
……我明白了。
教練，我有個提議。
我想除了我以外，應該還有人沒察覺到自己練過頭了。
所以這件事情我想告訴隊上所有人，讓大家一起思考對策好嗎？
好啊，那就太好了。
我今後會顧好自己的身體，然後……
會以再次成爲常規球員爲目標！
我等著看囉。
好的！

Nego=chan's Point

喵咪大大的祕訣

爲了不讓自己拘泥於
一心認定或先入爲主的觀念

看來爽太好好跟教練談過了。透過這次的事情，爽太與和香應該都學到了不能夠一心認定某種想法，或拘泥於先入為主的觀念，要試著從不同人以及相異事物的各種觀點去看一件事情。

說到底，其實「人總是只看自己想看的東西」呢。最好要了解，人類看事情的方式就是會充滿各種偏見。最好要對這件事情有所自覺，然後養成從各種不同觀點看待事物的習慣。停下腳步思考「真的是這樣嗎？」然後檢查自己的思考會比較好。

從不同人的觀點來看一件事情，也需要具備站在對方立場的想像力。如果不太了解對方，這件事情可不容易喔。為了實現大家能夠和平生活的世界，希望大家不要放棄這種做法喔！喵～

你會怎麼做？

THEME

醫術高明的外科醫師

少年與他的父親一起去開車兜風。
但是在路途中，由於父親打錯方向盤，導致車子翻覆了。少年和父親都受了重傷，兩個人分別被兩臺救護車送到了不同醫院。
一位相當高明的外科醫師走進了躺著少年的手術室裡。
醫師一看見那少年的臉就大喊著：
「這、這是我兒子啊！」
好啦，你能說明這個狀況嗎？這到底是誰的兒子？

思考提示

當然不是外科醫生認錯了人。實際上被送到手術室裡的，確實是那位外科醫師的兒子。

無法馬上說明這個狀況的人，是不是一心想著「手腕高明的外科醫師」是位男性呢？沒錯，其實那位醫師是少年的母親。

由於上述文章並沒有寫明醫師的性別，因此想著「外科醫師是男性」的話，就是在下意識中將職業與性別連結在一起的思考偏誤。

像這類的偏誤有時候會變成歧視與偏見，所以最好還是多注意自己的思考，是否會拘泥於下意識認定的概念當中。

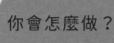

拉近／拉遠

用各種不同的觀點來看待事物，就像是從右邊看某個由左方拍攝的東西；又或是從正後方去看由前方拍攝的東西，是一種切換鏡頭方向的感覺。

另外也思考一下，觀點與對象的「距離」。大家有聽過「拉近」、「拉遠」這兩個詞彙嗎？在拍攝照片或影片的時候，靠近拍攝對象就是拉近；遠離拍攝物則是拉遠。

假設現在眼前有兩張照片，一張是拉近只拍了一朵花的照片、另一張則是拉遠觀看整體景色的照片。拉近的照片將花瓣形狀拍得一清二楚，但卻不知道是在哪裡拍的。拉遠的照片雖然拍到了附近的風景，但連那是什麼花都無法確定。不過，在看過兩張照片以後，就能夠得到更多的資訊。

在思考事情的時候也是這樣的。有時候近點、有時候遠些，這樣去凝視著事物是相當重要的做法。接下來，就介紹一個例子給大家。

管樂器社的社員們，為了大賽而規劃練習時間表。為了能夠演奏得更好，每個人各自努力練習。但是僅憑自己的話，不論技巧有多麼高超，要在大賽上留下好成績應該是相當困難。因為一定要所有人合奏，才能知道有哪裡需要修正。

為了要得到大賽獎項，必須在個人練習與團體練習間取得均衡。個人練習就是拉近、團體練習就是拉遠，這樣比喻，大家應該能明白這兩者都是不可或缺的要素了吧。

第6章

要怎麼拿到想要的東西？

距離校慶還剩下一個月
排演聲
這樣下去，歌曲部分應該可以順利完成！
接下來就是大家能夠再多完整排練幾次的話……
小葵，妳方便說話嗎？這個場景……
嗯！怎麼了？
……呃，唔哇，糟糕！六點了！
抱歉！我得回去了，明天再說喔！
唔、嗯。
小葵總是很早回去呢，是不是有什麼事情要做呢？
啊～小葵家的門禁好像很嚴喔。
但是我有想跟她一起練習的場景啊～
那我幫妳讀劇本吧！

翌日
早啊。
啊，小葵，早……
唔哇！妳的眼睛怎麼了！
呵呵……呵呵……
呵呵……昨天晚上跟我爸媽吵架了……
該、該不會，是因爲排練太晚回家才……？
啊……也不只那件事情啦。
我沒有手機，
之前就一直希望爸媽能買給我，這樣我如果會晚回家可以先報備。
結果他們堅持，讓我早點回家就好了……
這樣啊……
……
喵～
呃，方便的話，我家有可以幫忙交涉的……人？我可以幫妳介紹。
咦？

CHAPTER 6 COMMENTARY

思考對於對方來說的優點是什麼

和香的房間

喵咪大大　歡迎光臨。和香總是受您照顧了。

葵　唔哇！初、初次見面，你好。呃，你穿布偶裝嗎？

和香　小葵妳放心，貓咪大大只是外表看起來很可疑，但實際上很可靠喔。

喵咪大大　會特地來找在下，應該是有什麼煩惱吧？

葵　唔、嗯。我想要一臺自己的手機，但是爸媽反對，不願意買給我。我們昨晚也為了這件事情吵架。

喵咪大大　唔嗯，那麼現在重現一下，昨天晚上妳跟爸媽的對話。我負責演妳的爸媽。

葵　我明白了。……「爸、媽！我真的很想要手機！」

喵咪大大　「為什麼妳需要手機？」

葵　「不然我晚回來的時候，就沒辦法聯絡你們。」

喵咪大大　「都說有門禁了，妳要努力早點回來啊。如果一定會晚回家，那打公共電話就好了吧。」

葵　「我也想跟大家一樣，用來聽音樂、看影片。」

喵咪大大　「用家裡客廳那臺電腦就好啦。」

葵　「還有很多APP可以幫助學習耶！」

喵咪大大　「不是有學校的平板嗎。」

葵　「學校的平板又不能自己裝程式進去，而且我也想跟朋友用SNS連絡啊！」

喵咪大大　「我聽人家說SNS很危險的，這樣我會擔心。」

葵　「可是！大家都有啊！」

喵咪大大　「大家是大家，我們家是我們家！」

葵　唔……講一句被回一句。

和香　好厲害喔，喵咪大大反駁的內容，簡直就跟有見過他們對話一樣。

葵　不過真的就是這樣，總之不管我說了什麼，他們就是不肯鬆口答應。

CHAPTER 6 COMMENTARY

思考對於對方來說的優點是什麼

喵咪大大　依照現在的對話，我大概知道小葵的問題在哪裡了。妳們知道什麼是簡報嗎？

和香　嗯，我知道。就是用資料和投影片，在大家面前說明一件事情對吧。我們在課堂上也做過。

喵咪大大　簡報除了在學校以外，在商業領域中也是一天到晚會用到的。比方說，為了要請別人購買自家公司的產品，用資料向客人說明，這也屬於簡報。

和香　嗯，我知道，先前就有保全公司的人，拿著監視攝影機的目錄來我們家推銷。不過怎麼提到這個？

喵咪大大　小葵的做法在商場中可是完全不通用的。因為完全只把自己的觀點塞給對方。「請你買這這個產品！因為這樣，我們公司就會賺錢！」就算有人這樣宣傳，大家應該也不會跟他買東西吧？

葵　咦？可是我又不是上班族。

喵咪大大　為了實現自己的願望，而想讓對方起身行動，就這個意義上來說，公司和家庭都是一樣的。

和香 那應該怎麼做呢？

喵咪大大 我們用和香妳剛才說的保全公司的事情來思考吧。如果想說服眼前的人購買監視攝影機的話，應該怎麼做才好？

葵 唔，因為客戶會付錢，所以不能讓對方覺得買這個東西就虧了對吧？要打折？不對，還是應該要盡量表現出東西的性能吧。像是跟其他公司的攝影機比較之類的？

和香 嗯……會買監視攝影機的人，主要應該不是想要監視器本身，而是因為想要一個能夠安心生活的環境吧？

喵咪大大 喔喔，這是非常不錯的著眼點呢！

和香 所以應該是告訴對方會有什麼優點吧。除了說明功能以外，要告訴對方，這臺監視器能夠保護您的生活安全！

葵 哎呀，原來如此。所以以這次來說，我要告訴爸爸和媽媽，這件事情對他們來說有什麼好處囉？

喵咪大大 妳們學得真快啊。

葵 呃，等等。雖然我自己這樣說好像有點奇怪，但是我有手機，對爸媽來說有什麼好處嗎？畢竟還要花錢。

CHAPTER 6 COMMENTARY

思考對於對方來說的優點是什麼

喵咪大大　一定有喵。提示就在我們剛才重現的對話當中喔。

葵　咦～真的有嗎？

和香　妳爸媽會那麼嚴厲，就表示他們真的很擔心吧。

葵　是啊，他們有夠愛操心的……嗯？這樣啊，那麼消除他們的擔心，對他們來說就算是好處囉？

喵咪大大　就是這樣。

葵　現在他們好像覺得「有手機是相當危險的」，每次電視新聞播什麼ＳＮＳ犯罪之類的，他們就會碎碎念「對小葵來說還是太早了」。

和香　但是手機也常運用在防止犯罪和防災方面呢。

喵咪大大　只要能夠好好表現出，帶手機對小葵的安全來說會更好，同時也先思考，不會讓小葵捲入犯罪或者霸凌的對策，應該就是關鍵了。

葵　這樣……大概有辦法了。我可以每天聯絡回家時間，還有先裝好發生災害時能夠確認家人是否安全的程式。不會接陌生人的電話、下載程式的時候一定會先報告。睡覺前關機，放

想要手機的理由	可能被反駁的原由
晚回家的時候可以聯絡	只要早點回家就好
想聽音樂、看影片	可以使用家裡的電腦
想用 APP 讀書	可以使用學校的平板
想使用 SNS	很擔心會發生問題

這可以連結到對父母的好處？

在客廳充電。一定會遵守約定，如果不遵守的話，那就沒收吧！……如果提出這些條件，應該可以吧？

喵咪大大：還不錯啊。另外最好先想想每個月會花多少錢，也要能清楚說明。

和香：小葵，妳把剛才說的整理好以後，重新向爸媽簡報如何？

葵：說的也是。就這麼辦！謝謝和香跟喵咪大大。如果他們願意幫我買手機的話，我們再來交換SNS帳號！

……基本費用、使用的程式、
還有評估可能發生的問題與相關對策，以及使用規則大概是這樣。
我很清楚爸媽是擔心我的安全，
但只要正確使用手機，對於防止犯罪和讀書也是相當有用的。
所以我絕對會遵守自己訂下的規則，讓你們覺得「幸好讓我帶了手機」！
所以……可以再重新考慮一次嗎？
我們明白妳的想法了。

但還是不能讓妳擁有自己的手機。
咦……
相對的，我們會買一臺家人共用的手機，
如果會晚回家、或者要跟朋友聯絡的時候就用那臺，
當然還是要遵守妳自己訂立的規則。
過一陣子我們看看覺得沒有問題的話，那臺手機再給妳自己用。
如何？
！……唔、嗯！
拜託了！
本來，是有想說總有一天得買給妳啦，
我們也討論很多次……既然妳自己已經想了這麼多，那就可以安心交給妳了。
要遵守規則好好使用喔。
爸、媽，謝謝你們！

喵咪大大的祕訣

Nego=chan's Point

不要只顧自己的立場
要表達對方能得到的好處

雖然爸媽還不會馬上買自己專用的手機，但小葵還是成功找到能讓他們滿意的條件了。看見爸媽安心的表情，在下也安心啦。畢竟是小葵，應該會好好遵守規則、馬上就讓爸媽決定買手機給她專用。

不管是想拜託家人或朋友什麼事情，或者在商場上、政界中交涉重要事項，一昧將自己的觀點往對方身上推是不會順利的。與其強硬表達「這樣我很困擾，所以你得想辦法！」還不如說明「這樣一來，你也能夠得到好處對吧？」來告知對方獲益的可能，對方就比較願意聽你說話，喵。

人為了拜託他人事情而進行交涉的時候，最好將目標放在自己和對方都有利的狀態。為此，最重要的就是先看看對方能夠得到什麼好處。

你會怎麼做？

THEME

目標!提升一千萬

一位足球選手正在與他隸屬的隊伍進行下一季的合約談判中。
這位選手在這一季雖然還只是個新人，卻有進球五次，在場上相當活躍的表現。
「我們期望你本季可以進十球。」
球隊如此說著，提出了契約金兩千萬日幣。
選手本人則是希望能拿到三千萬的合約。
如果你是選手，會提出什麼樣的條件呢？

思考提示

隊伍的想法是，如果選手一年內能夠踢進十球，那麼他們願意支付兩千萬日幣。也就是一球的價值是兩百萬元。選手可以提出這樣的建議：「這個金額沒有問題。但從第十一球起，每球都要多給我兩百五十萬。」

選手只需要在目標的十球後多踢進四球，就能夠拿到三千萬了。如果選手的進球數增加，隊伍獲勝的可能性也會增加。隊伍變強的話，可以預料比賽門票和周邊商品的銷售也會提升。這對於隊伍來說有相當大的好處，因此很有可能會接受這樣的條件。

第一次

學對話

注意
錨定效應

交涉的時候必須要留心的就是「錨定效應（Anchoring Effect）」。「錨」是一種船隻零件，只要放下錨，船隻就只能在一定範圍內移動，因此用來表示將對方的思考限制在「某個場所」的技巧。下面介紹一個例子。

美術品收藏家在骨董店看見了一張非常漂亮的畫。一開始店長的標價是一百萬元，他在殺價了好一會兒後，以九十萬元買下。比原先價格便宜了十萬購入，收藏家非常高興。但更高興的是店長，因為他買下那張畫的時候跟收垃圾的價錢差不多，就算只賣五萬塊，他也是大賺。

店長相當明白，只要先標上一百萬元的價格，那麼收藏家就會以一百萬元為標準開始交涉殺價。因為大多數人習慣以最初得到的資訊作為標準思考。店長把收藏家的思考，固定在一百萬這個「場所」，讓他不會跑太遠。

錨定並不僅限於價格交涉，當對方單方面提出某種條件的時候，首先就要先懷疑那是不是一種錨定。為了不要上鉤，最重要的就是先想好自己能夠滿意的條件、還有不能夠退讓的條件。

這看來是一種利用人類思考習慣、有些狡猾的小聰明，但既然有這種方法，大家就能明白在與人對話或者交涉的時候，「從哪裡開始說起」是有多麼重要了吧。

第7章

爲了實現夢想

午休時間排練中
咦？
晴人同學！下場方向錯囉。
咦？
啊……
抱歉，我有點恍神。
加油
欸～振作啊～
噹
啊！那麼排練先到此爲止。
噹
默默離開……
……
晴人同學那個……是在畫漫畫？
冒出
好厲害～專家耶！
冒出
唔哇！嚇死啦！

謝謝，但我的程度還差得遠啦。
我從以前只要畫起漫畫，就會忘記討厭的事情。
討厭的事情……
啊！
剛才的事情你不用在意啦！
呃，不是啦。是我家裡有點事情啦。
我媽是醫生，家裡開了間小診所，她一直認爲我將來會繼承。
所以她好像很不喜歡我畫漫畫……
你想當漫畫家？別說蠢話了。畫畫根本就只是浪費時間，不如拿去讀書。
唔哇……
……反正講也講不通，我已經放棄了啦。
晴人同學……
這就是所謂的「價值觀不同」。
冒出
唔哇!!

CHAPTER 7 COMMENTARY

認同不同的價值觀

晴人　什、什麼？啊？

喵咪大大　你就是晴人啊。初次見面，我是喵咪大大。

晴人　是、是人嗎？

和香　晴人同學，不要想太多，你就接受這件事情吧。

葵　喵咪大大雖然是長這樣，但是很可靠喔。晴人同學也可以跟他商量！

晴人　咦咦咦……但就像剛才說的，不管我說了多少次，我媽根本不懂我的心情。

喵咪大大　確實，價值觀相異的時候，很難輕易改變狀況，喵。

晴人　……就是說啊。

喵咪大大　價值觀是表示那個人「是否覺得重要」的事情。通常取決於那個人以往至今的生長背景，所以每個人都有自己的價值

葵 觀。正因為是自我的主張意識，所以有時候就連周遭的人很難理解。

這麼說來，像我爸就很喜歡老相機，但是我跟媽媽都搞不懂為什麼。拍照用手機拍就好啦，他還要特地用底片相機拍。這樣不但沒辦法馬上看到照片，而且把照片印出來也要另外花錢。

喵咪大大 對小葵的爸爸來說，用老相機拍照片很重要。另一方面，對小葵和媽媽來說，感覺不到其價值。那麼小葵會叫爸爸不要再用老相機嗎？

葵 咦！我才不會那樣說呢。畢竟那是他喜歡做的事情啊。

和香 小葵認同爸爸的價值觀呢。

葵 是啊，雖然我是無法理解啦。這次我們的公演，他也說要用底片相機拍照喔，而且還超有幹勁的樣子，哈哈。

和香 喵咪大大，晴人同學的媽媽大概很難喜歡漫畫，有可能讓她認同晴人喜歡漫畫的價值觀嗎？

CHAPTER 7 COMMENTARY

認同不同的價值觀

喵咪大大　晴人，你覺得呢？

晴人　咦咦～怎麼可能啊。我媽只要看到我在畫漫畫，都是一臉厭煩的樣子。

喵咪大大　喔？雖然你這麼說，但在沒有認同對方價值觀這方面，晴人你也是一樣的。

晴人　咦？

喵咪大大　就像畫漫畫對晴人來說相當重要，你母親應該也有相當重視的價值觀才對。

晴人　我媽媽的價值觀？……我想應該就是——讀書是最重要的事情吧。她自己在學生時代好像也是拚命念書，後來成功當上醫生。

喵咪大大　你有問過媽媽，她為什麼會認為讀書那麼重要嗎？

晴人　我沒有細問過。但我媽媽的老家似乎不是很有錢。她是拚命念書才成為醫生的，所以應該是很自豪吧。

葵　為什麼你媽媽會那麼堅持在醫生這個職業呢？當漫畫家也很棒啊。

不同的生活經驗，造就每個人在面對事物時不同的價值觀。

晴人：可能她覺得能夠用漫畫養活自己的，只有一部分相當有才華的人吧。她總是跟我說有穩定收入是有多麼需要感恩、多重要之類的。

和香：我現在才想到，選擇工作就相當能夠表現出一個人的價值觀呢。有人想做穩定工作、有人想對世人有所幫助，也有人就是想做喜歡的工作……

葵：晴人同學就是想做自己喜歡的工作吧。你媽媽又如何呢？

晴人：成為醫生的理由嗎？我倒是不知道為什麼當時她會想當醫生，不過她常說能成為醫生真是太好了。

認同不同的價值觀

和香：想必是非常有工作意義吧。

葵：不這樣的話，應該也不會想讓自己的孩子繼承吧？

晴人：我想也是。可是我完全沒有說過自己想當醫生啊……

喵咪大大：晴人認為母親的工作如何呢？

晴人：我當然覺得是很厲害啊。雖然我爸媽在我小時候就離婚了，但是我媽媽從那時就開了自己的診所，一直經營到現在。而且附近的人和患者對她的評價也都很好的樣子。

和香：晴人同學的媽媽很厲害呢。

葵：嗯，超帥的！

晴人：……是啊，謝謝。

喵咪大大：要是你的想法能夠直接告訴她就好囉。就說努力念書然後當上醫生的媽媽真的很厲害。

和香：可以感覺得出來，晴人有認同母親的價值觀呢。

喵咪大大：是啊。

葵：這樣一來，媽媽應該也會認同晴人重視的東西吧？

晴人：嗯，道理我是懂啦……但事情會這麼順利嗎？

喵咪大大　的確相同的價值觀不一定能夠共享呢。但是人應該能夠對於彼此的思考表示敬意，然後互相認同才是。只要將這樣的做法當成起點，有毅力地持續對話就好。

晴人　我明白了。下次我會試著跟我媽說。

葵　我們是不是也該思考將來的事情了呢。

和香　咦咦！我還沒有想那麼多……

喵咪大大　不需要著急。大家慢慢思考就好，喵。

和香　是嗎？謝謝你，喵咪大大。

晴人，
最近學校還好嗎？
還可以吧，
馬上就要校慶了，
所以在做準備……
我是說讀書方面。
校慶結束以後，
不是馬上就
期末考了嗎？
考試前有好好複習
就沒問題了。
這樣啊，那就好。
你回來老是在塗鴉，
我很擔心呢。
……
那個，
媽。
媽媽是非常努力念書，
然後當上醫生的。
我知道這是
妳非常自豪的職業。
我也覺得
工作時的媽媽，
真的非常帥氣。
那樣的話……
可是啊，

就跟媽認爲念書和工作有多重要一樣，對我來說，畫漫畫也是非常重要的。
！
翻找
那是你的興趣吧？又不可能把畫漫畫當成工作……
不，倒是不一定呢。
啪！
這是什麼？
是現任醫生畫的醫療漫畫，
有很多人都是在工作之餘，把畫漫畫當成副業的。
喔……
現在要把漫畫當成工作的方法也很多。
所以我想繼續畫漫畫，
因爲我認爲繼續畫下去，能夠拓展我自己的可能性。
……我知道了，
但現在還是要以念書爲優先喔！
媽，謝謝妳。

Nego=chan's Point

喵咪大大的祕訣

每個人都會和價值觀不同的人一起生活

晴人和他的母親看來似乎有接近一些了。母親「希望晴人繼承診所」的心情雖然看來沒有改變，但能夠認同晴人喜歡畫漫畫的價值觀，就是很大的一步。希望兩人今後也能好好繼續對話。

不管是家人、朋友或一起工作的人，大家都不一定會和自己擁有相同的價值觀。每個人在社會上，都會和有著不同價值觀的人一起處事、生活。

最重要的就是認同彼此的價值觀。就算很難百分百理解，大家應該也都能接受「也有人是這樣想的」吧。只要能夠明白這點，就算因為價值觀相異而引起了糾紛，也能夠靠著對話跨越問題，喵。

你會怎麼做？

THEME

自負的工匠

有位美術大學的教授在逛外國的市場，
他發現了一件非常棒的木雕工藝品。
雖然他拜託木雕師傅：「請務必賣給我。」
但是對方拒絕，並表示：「這個作品還沒有完成，所以不能賣。」
看來工匠對於自己作品的完成度相當堅持呢。
明明看起來就很棒、一點都不像還沒完成，教授實在是越看越喜歡。
但教授今晚就要搭機回國，實在沒辦法耐心等下去。
該如何說服如此自我堅持的工匠呢？

思考提示

如果用「不需要再精雕細琢下去，請賣給我吧」這種說法恐怕是沒有用的。畢竟是工匠自己決定是否完成。那麼，以下這樣提議如何呢？

「我是美術大學的教授。我想讓學生們看看你的作品。因此與其展示完成品，我認爲未完成品的價值更高。我想告訴學生，東西明明已經這麼棒了，但師傅還是會堅持做得更精細。我希望能夠激發學生，能夠更加追求自己作品的完成度。」

此說法認同了工匠「堅持完成度」的價值觀，並且誠心提出想法，工匠或許會因此改變想法。

第一次

學對話

正向思考與批判思考

大家應該很常聽到「正向思考」吧。這是指肯定事物、傾向積極的思考方式。相反的，若是採取否定看法、消極考量的話，稱為「批判思考」。

即使是平常習慣批判思考的人，在對話或者腦力激盪的場合中，也要留心採用正向思考。只要對於其他人的意見表示「聽起來很有趣呢」等肯定意見，就能夠炒熱氣氛，其他人也會比較容易發言。這樣一來，就能提高產生新點子的可能性。

若是一直以「不行啦」、「好無聊」、「這根本不可能辦到」

等批判回應，參加者的心會拉開距離，想著「跟這個人講什麼都沒用」，到最後也就不會有人發言了。

話雖如此，批判性思考本身並不是件壞事。比方說校外教學談論班級行動的計畫時，如果有人提議「我想去遊樂園」。就算大家都舉雙手贊成，但若是有人當下非常現實的提出「可是很花錢吧？」等意見，就不會出現事後才感到困擾的狀況。

像這類「可能實現嗎」、「是否符合邏輯」、「有沒有偏限於偏誤」等等，以多樣化的觀點檢視事物或意見，就稱為「批判性思考」。

重要的是，除了針對別人以外，面對自己的發言也必須要有批判性思考。在發言前先好好檢視自己的意見，就能夠找出這個意見的弱點以及問題所在。還請務必嘗試看看。

第8章

廢除黑心校規!

哇~!
好厲害!背景完成了!
哇~
哇~
服裝和小道具也好可愛~
眞是令人振奮!
哼,可別小看道具組。我們可是用閒暇時間一點點做出來的呢。
爽太眞厲害!你明明這麼忙還……
哈啾!!
是說好冷喔!大家都是在這種地方工作嗎!?
能製作大道具的地方只有這裡啊。
我眞的搞不懂爲什麼我們學校不可以穿外套。
先前因爲太冷了所以我有偷穿,結果還被老師罵~
搞什麼啊~
好過份!

先前佐藤同學就因爲感冒所以休假了吧。
平常我們用來排練的空教室也很冷呢。
七嘴
這算是黑心校規吧？
對啊！小葵妳是學生會的人吧？想想辦法吧～
八舌
唔嗯……確實不能小看這個情況呢。
好！我來去跟老師說！
羅密歐眞帥！
幹勁十足
我們也去幫忙！
!?
那個，大家等等啊……
和香也一起去教師辦公室吧！
等等、等等、等等～！喵啊！
冒出
唔哇啊啊啊！
又、又是你喔！
我就覺得他會來……
你們眞是太性急啦，要去的話要先好好「準備」啊喵！
閃亮
準備……？

CHAPTER 8 COMMENTARY

目標是所有人有利的結果

喵咪大大　說起來你們知道為什麼會有這條校規嗎？

晴人　這個，我想應該是因為學校是集團生活的場所吧。要讓許多人一起行動的話，就必須要有某個程度上的規範，不然就會亂成一團。

和香　嗯。大家都遵守的話，就對大家有利吧。交通規則也是這種情況對吧？

葵　但是禁止穿外套，也太沒意義了吧？這項禁令只會讓更多人煩惱啊。

爽太　老師們常說「服裝凌亂會導致風紀凌亂」，但只是穿個外套，不致於搞到風紀凌亂吧？

和香　嗯，很顯然這項規定非常奇怪啊，只因為是規則就必須遵守也很詭異。

喵咪大大　就是這樣。學校的校規猶如社會中的法律，如果法律讓人覺得很奇怪的話，就可以提出「修法」。有可能是因為太久之前立的法條，已經不符合目前的時代，修改的理由各式各樣，喵。

葵　那麼校規也可以修改囉！

喵咪大大　就算如此，你們覺得突然就衝到辦公室去直接談判，老師們就會說「好的，明白了」喵？

葵　這個嘛……這麼說來，我記得你說過，「不要只把對自己有利的事情硬塞給對方」之類的？

喵咪大大　不管是要打造新規則、或是修改現有規則，都得好好談論，讓所有相關人士都能夠接受。

晴人　嗯，不過這樣說的話，我們應該要怎麼樣，才能夠與老師們對等談話呢？

喵咪大大　在思考這類複雜問題的解決方法時，就使用「調味料法則」來整理吧！喵。

和香　調味料法則？

CHAPTER 8 COMMENTARY

目標是所有人有利的結果

喵咪大大：調味料法則「SPICE」，分別取自五個英語單字的首字母，指的是解決問題的過程，所以要依照以下步驟思考——①掌握狀況及相關人員。②以相關人員觀點思考。③看清楚問題何在。④提出解決方案的點子。⑤決定執行哪個解決方法。

晴人：相關人員是指我們學生和老師嗎？

喵咪大大：沒錯。因為你們是這個問題的「利益關係人」啊！喵。

和香：利益關係人？

喵咪大大：就是有利害關係的人。以這次的情況來說，變更校規以後會受到影響的人全部都是利益關係人。

葵：爸媽也算是吧？像我爸媽就常說：「現在還禁止穿外套，要是感冒的話怎麼辦啊？」

和香：那麼相關人員的立場，主要就是學生、老師和將孩子交給學生的監護人這三大類囉。那麼，就要從各自的立場來思考這件事情……

葵：學生的目標是讓學校認可穿外套這件事情。

▶ NEGOTIATION LESSON

用來推動對話的「SPICE 調味料法則」

S	Situation、Stakeholder Analysis（掌握狀況、利益關係人）	掌握狀況及相關人員
P	Perspective Taking（得到觀點）	以相關人員觀點思考
I	Issue Making（設定課題）	看清楚問題何在
C	Creative Options（創意選項）	提出解決方案的點子
E	Evaluation and Decision Making（評估、決定）	決定執行哪個解決方法

爽太：老師的目標是防止風紀紊亂。

晴人：監護人的目標是小孩的健康不要受損。

和香：這樣整理之後，發現不能穿外套的規定毫無道理，至少對學生和監護人兩方來說是沒有利益的。

爽太：如果監護人站在我們這邊，感覺安心很多呢。但是有些家庭或許會認為「遵守校規比較重要」就是了。

葵：我們試著用問卷詢問看看監護人的意見吧。也要詢問學生們，了解有多少人希望能夠自由決定是否穿外套，提出明確的數字。

目標是所有人有利的結果

和香　好耶。只要能夠大量收集，監護人和學生反對禁止穿外套的意見，也能夠成為讓老師接受的客觀資料。

葵　我們再根據那個結果，設置一個學生和老師談話的場所。

晴人　畢竟這是與孩子健康相關的問題，乾脆讓監護人一起加入討論吧。

爽太　確實如此。畢竟爸媽也是利益關係人，這樣可能比較好。

和香　不要彼此站在對立的角度爭論，而是大家朝向同一個目標比較好對吧。既然老師擔心風紀紊亂，由學生這邊先想好怎麼穿比較不會亂七八糟的話，他們也會比較放心吧。

葵　真不錯。我覺得應該會很順利呢。如果做了問卷，應該也能夠從其他人那裡得到各種意見，我們就參考那些意見來打造一個——所有立場都有利的修正案吧。

晴人　但是問卷要怎麼做……

葵　學生會來處理啊。我去跟學生會的顧問老師商量，請他答應讓我們發問卷。另外也會拜託負責家長會的老師，跟他說我們在回收問卷之後，想要請他們一起開會。當然，是要老師、學生和家長代表都出席。

和香　小葵好可靠喔……

喵咪大大　呵呵。跟剛才想要衝到辦公室去的樣子大不相同呢，喵。

葵　事情到這個地步就交給我吧。我現在得趕快去連絡學生會成員了！

爽太　那麼我們先跟其他人說這件事情，尋求學生方面的協助者吧。

晴人　是啊。只有學生會做這件事情會很辛苦，我們也盡可能做自己能做的事情吧。

喵咪大大　呵呵……

和香　喵咪大大，你在笑什麼啊？

喵咪大大　大家已經逐漸不需要在下來插嘴了呢。

和香　這麼說來好像是耶。你很開心嗎？

喵咪大大　呵呵呵。我想你們一定沒問題的！喵。

全校學生及家長會在學生會主導下，開始進行問卷調查。
結果得知認爲應該允許穿著的人，在家長會中占了七成、全校學生中占了九成。
贊成穿外套
學生
家長
教職員
學生會向學校提出該問卷結果。
舉辦學生與監護人代表及教職員工的三方會議。
學生代表
……由以上的結果看來，學生方面提議，在校內禁止穿著外套等禦寒衣物的校規應該廢除。
……但是維持國中生該有的樣子，也是校規的重要功效……
教職人員代表
那麼具體來說「國中生該有的樣子」是什麼樣子呢？
如果沒有明確的根據，那麼以監護人來說，當然是以學生的健康為優先。
監護人代表

就這樣，我們成功實現了自由穿著外套的目標。
眞是累壞了～！
小葵，眞是辛苦妳啦！
一邊排戲還要準備三方會議呢。
唉呀～只要去做，還是能做到呢！
啊哈哈！不過有好好去做眞是太好了！
總覺得這樣我們不是單純遵守規則，而是大家一起認眞思考，覺得奇怪就改變，
這點讓人很開心呢！
嗯，就是說啊。

喵咪大大的祕訣

Nego=chan's Point

目標是「三方都好」

由於以學生會為中心做好了準備，因此成功照大家的希望改變了校規。如果什麼都沒準備，直接衝進教職員辦公室裡，想必不會有這樣的結果吧！喵。

提到校規修正，大家很容易聯想到的是「老師 VS 學生」這樣的對立結構。但其實加上監護人這個利益關係人，將目標放在三贏而非雙贏，是相當好的判斷。

日本從以前就認為商人的思考必須是，「賣家好、買家好、社會好」這種「三方都好」的狀態。經商的時候不要只讓單一方獲利，而是讓大家都能得到好處，希望能對社會整體產生利益。這種想法並不僅限於商業，在社會各種情況下都是相通的。這件事情和香他們就證明囉。

你會怎麼做？

THEME

兩位修行僧

有兩位修行僧看見一位女性站在沒有橋梁的河邊，因為無法渡河而相當困擾。修行中的僧侶是禁止接觸女性、也不能與女性說話的。即使如此，其中一位僧侶卻主動背那位女性過河，然後在對岸放下她。另一名僧侶大感驚訝，追上他之後，兩人繼續走了好一會兒，但他還是非常煩躁而無法靜下心來。
於是他詢問對方：「你明明在修行中，怎麼可以接觸女性呢？」而走在前方的僧侶是這樣回答的：「怎麼，你還背負著那位女性嗎？我早就放下她了呢。」
你比較認同哪一位僧侶的想法呢？

思考提示

走在前方的僧侶是想表達這件事情：

「的確修行中的僧侶規定上是不可以接觸女性。但眼前有人遇到困難，與其嚴守規則，幫助他人應該更重要。沒有跳脫這點，而被束縛在已經結束的事情當中，才是修行不足喔。」

僧侶修行的規定是爲了讓人成爲偉大的僧侶。如果將遵守規定這件事情本身當成目的，反而可能失去更重要的東西呢。

第一次

學對話

惡魔律師與沒問題先生

羅馬天主教會在遴選聖人的時候，有個職位是負責檢視並指出候選人缺點及問題點。工作人員會負責討論「真的可以把這個人列為聖人嗎？這個人有沒有不能作為聖人的缺點呢？」由於他們工作內容不容含糊，因此又被稱為「惡魔律師」。

在教會以外的討論場所中也會刻意安插這類「惡魔律師」。如果被惡魔律師點名的人，就必須重新檢視面對自己的思考是否正確。如此一來，討論內容能夠更加深入，也能夠做出讓更多人都接受的結論。

另一方面，社會中有很多人都會把「沒問題先生」放在自己身邊。所謂的沒問題先生是指他們無法違抗地位高於自己的人，因此在面對錯誤方針或無法接受的指令時候，也會回答「沒問題」。然而想必甚至不需要提出安徒生童話〈國王的新衣〉大家就能理解，如果沒有任何人提出批評或指正的話，結果只會讓那個人和周遭的人都陷入不幸。

一個充滿沒問題先生的組織，到頭來就是個獨裁國家。在獨裁國家中，獨裁者會不當使用權力，依自己喜好決定事務。民眾無法違抗獨裁者，因為反對者會遭到逮捕、被處以死刑。在這種社會當中，人們根本無法安心生活。

為了避免這種情況，我們能夠做的事情就是無論在何時何地，靠著對話來解決問題。我們要接受惡魔律師的存在，同時絕對不能成為沒問題先生。還請大家不要忘記這件事情。

第9章 何謂領導者

出演當日
嘈雜
終於要正式上演啦！
嘈雜
好緊張！
嘈雜
嘈雜
服裝和道具都準備好了吧？
那麼接下來我們移動到最後排練的地點去！
好——
咦？前一個班還在排練嗎……
那個，抱歉，已經到換班的時間了吧？
咦？這班才剛開始排練耶。
啊!?
怎麼可能……
震驚
震驚
竟然重疊了……!?
啊啊！
那該不會是舊的時間表吧……
咦？

時間表印出來後，有發現錯誤……
我們有發修正版，但有可能舊的也混進去了。
咦!?
激動
那排練時間變成完全重疊的!?
啊!?要怎麼辦啊！
八舌
七嘴
距離正式上場只剩兩個小時了耶……
委員小組，你們要負責啦！
大家冷靜點……
唉呀，事情都發生了也沒辦法啊。
是啊是啊，距離上場還有點時間，
總會有辦法的。
我們先前不是解決那麼多困難嗎！
各位……
說的也是！
我們去找出能夠用來排戲的地方吧！

CHAPTER 9 COMMENTARY

不要放棄尋找解決之道

和香：大家先冷靜下來，整理一下現在的目標與狀況。

爽太：因為更改流程失誤，所以我們的排練時間跟其他班重疊了。距離正式上場還有兩小時。目標是在那之前找到替代的排練場地，進行最後彩排。

晴人：保留排練場地和表演場地之間的移動、舞臺裝置架設的時間，我們只剩下十分鐘可以思考喔。

葵：還有十分鐘……難道不能跟現在排練的班級商量，各用一半時間嗎？

和香：嗯，大道具搬動需要時間，而且這樣沒辦法完整彩排，對兩個班級都沒有好處。

葵：了解。那麼我們來想想，校內還有哪些地方能夠排練？

晴人：要不要在我們班的教室？

爽太　教室太窄了，大道具放不進去。

和香　嗯。畢竟最後的彩排，要能同時確認大道具的位置和走位，地方不夠寬敞的話就不行。

葵　音樂教室應該比一般教室寬？

和香　音樂教室和其他感覺可以排練的教室，應該都被借走作為活動攤位用了。

爽太　乾脆去外面排？製作大道具的體育館後方還滿寬的啊。

葵　今天有很多家長和客人出入，我覺得有點難。

爽太　話說回來，昨天還有下雨，今天地面應該是溼的……畢竟不能弄髒服裝和大道具，那也沒辦法在外面排練。

和香　我覺得校內不行就找校外這個想法不錯。不知道能不能跟附近小學借體育館？

晴人　就算可以借，交涉和移動也很花時間，現在才去借，時間上太勉強了。

爽太　嗯……那換個方向來想，我們一直想著「得從頭排練一次才行」，真的一定要排嗎？搞不好直接上場也沒問題啊？

CHAPTER 9 COMMENTARY

不要放棄尋找解決之道

葵　不，我們從頭到尾排練過的次數不多。如果沒有在跟實際舞臺一樣寬的地方，試著抓好彼此間的距離感的話，演出可能會失敗。而且喵咪大大也說過吧，事前準備是最重要的。

爽太　嗯～這樣啊。我們的目標正確說來，是為了讓舞臺劇成功，所以要「在接近正式上場的環境中進行最後確認」呢。

晴人　唔嗯……要是喵咪大大在這裡，他會不會給我們什麼建議呢……

爽太　為什麼那傢伙偏偏今天沒出現啊？

葵　我覺得應該快來了吧？說著「你們是不是遇到困難啦！喵？」的現身。

和香　沒有喵咪大大也沒問題的。好不容易班上所有人都安然無事的到了正式上場的日子，所以我們不要放棄、要思考到最後一刻。

葵　……和香。

和香　嗯？怎麼啦？

葵　總覺得妳變可靠了呢。

和香　咦、是、是這樣嗎？

葵　嗯。既然妳都這麼說了，我覺得我們能做到。

晴人　說的也是。不能只靠喵咪大大，我們自己不能放棄、要繼續思考啊。喵咪大大也說了要持續對話才行。

爽太　對啊對啊，進入追加時間才能比出勝負啊！

和香　哈哈，我覺得大家比較可靠呢。

葵　好～那我們再好好想一次。能夠排戲但我們還沒有注意到的地方，有沒有這種地方呢？

晴人　總覺得應該是有漏掉哪裡……

爽太　這麼說來，他說過試著改變觀點，或許就能夠看到原先沒看見的東西。

葵　咦，喵咪大大嗎？

爽太　喵咪大大也有提過，不過我說的是前陣子足球社的學弟。他說在比賽的時候被敵方包圍導致球快被搶走的話，就用鳥的視角來看整個球場。這樣一來，應該能夠找到可以傳個好球給其他隊員的角度了。

CHAPTER 9 COMMENTARY

不要放棄尋找解決之道

和香　原來如此，要從鳥的視點……

晴人　從上空觀看整體啊……

爽太　……

葵　……

爽太　……啊。

和香　……頂樓嗎……？

葵　頂樓不會安排攤位，應該空著！

晴人　寬度也足夠！

爽太　也不會被客人看見！

和香　雖然有點冷……但現在能穿外套，沒問題！

晴人　不對啊，等等，學生不是被禁止上頂樓的嗎？

和香　上物理課的時候有開放過，只要有老師陪同應該就沒問題。我們跟老師說明這個情況，請老師借我們鑰匙吧！

葵　交給我，我去辦公室跟老師交涉！

和香　那就拜託小葵了！爽太同學、晴人同學！我們和大家一起把布景搬到頂樓吧！

▶ NEGOTIATION LESSON

葵：我絕對會說服老師回來的，你們就先準備好要彩排！

晴人：了解！

爽太：交給我們！

和香：大家不要太著急！沒問題，我們一定能做到的！

小葵向老師說明事情以後，取得了頂樓的使用許可。
所有演員和工作人員一起將道具搬到頂樓……
最後，我們得以順利彩排完成。

上場前五分鐘
好……好驚險，幸好趕上了。
眞是嚇死了～！
是嗎？我倒覺得不是太擔心呢。
畢竟我們有妳啊，班長。
……我才是，幸好有你們。
讓各位久等了，下一個班級公演……
由二年一班為各位帶來「羅密歐與茱麗葉」。
鼓掌
鼓掌
鼓掌
鼓掌
鼓掌
鼓掌

Nego=chan's Point

喵咪大大的祕訣

給未來的領導者們

用力鼓掌！真是太好啦！

和香在這幾個月內成功掌握了領導者特質呢。具體來說，包括了「相信夥伴的力量，為了達成目標而整合大家的力量」，同時還有「即使發生問題的時候，也不害怕對立、而是以對話來解決問題的力量」。

領導者特質並不限於班長或社團的社長這類——普遍會被稱為「領導者」的人才需要具備的。如果大家都能發揮領導者特質，那麼團隊就會變得越來越強大。能夠平安開演並不單純靠和香，而是因為爽太、葵、晴人都發揮了領導者特質。

不是只有被選上的人才能成為領導者，大家都能當領導者。當然，這本書讀到這裡的你也行喔！喵。

你會怎麼做？

THEME

適合成爲領導者的是……？

在某間公司有四個一直無法達成銷售目標的業務小組。
每個成員都已經完全喪失自信。因此社長新分配了四位組長給每個團隊。
A 讓成員互相競爭，並答應會給銷售冠軍特別獎金。
B 將自己以前成功的方式告訴團隊成員，叫他們模仿自己的做法。
C 率先前往銷售物品，示範給所有成員看。
D 和所有成員談過一次，詢問他們認為應該要怎麼樣才能提升銷售情況。
你認為四個人當中，誰最適合成為領導者？

思考提示

「理想的領導者風貌」並沒有絕對的答案。打算成爲哪種領導者，請看當時情況及團隊成員來自己思考就好。

成員應該會有各式各樣不同個性的人，當中會有與他人競爭就非常有幹勁的人、想要學習過去成功案例或方法的人、想自己好好思考解決方法的人等。如果能夠依照不同成員的個性採取行動，那麼每種領導者都有成功的機會。唯一確定的一件事情，「不害怕對立、以對話解決問題的力量」是領導者不可或缺的。如果無法理解這件事情，光是提出獨善其身的命令，那麼肯定不管是哪個團隊的領導者都無法順利帶領團隊的。

終章

校慶結束了，我們回到日常生活。
我還是班長，繼續主持班會。
無論是什麼樣的議題，要整合大家的意見，還是不輕鬆呢。
但是，我已經不會覺得麻煩或害怕。
爽太恢復了常規球員身分。
晴人同學的漫畫在學校裡相當受歡迎。
小葵還是忙碌的學生會成員。
我們明明過的是和之前一樣的生活，但不知爲何大家都有點改變。

嘶—
這麼說來，最近都沒看到那傢伙呢。
那傢伙？
對耶，喵咪大大最近都沒有來學校。
他過得好嗎？
嗯，他還是一樣住在我家啊……還是大家要來見他？
要！
喵咪大大，我回來了。
喀嚓
！

透光——
喵咪大大……!?
怎、怎麼了!
你的身體怎麼
好像變透明……
唉呀，
大家都來啦!喵。
……很遺憾，
我們該告別了!
喵。
咦!?
為、為什麼!?
唰——
……
我差不多該
說出眞相了呢。
拿下
是……
是我!?

抱歉讓大家嚇了一跳。我原先所處的世界並非異世界，
而是未來。
未來……!?
國二的時候班級公演失敗了。從那之後，我一直很在意。
雖然發生了問題，我卻束手無策……
長大以後我才知道那時候應該要怎麼做比較好，
所以我用了未來的技術回來改變自己。
改變自己……
那麼……
嗯，未來也平安改變了，所以現在的我馬上就會消失。
!!
怎麼這樣……!

……我要拜託妳們，
我以這個樣貌
告訴你們的事情，
還請不要忘記。
在往後漫長的人生中，
一定會發生許多
難以想像的困難之事。
而那個困難
肯定無法獨自跨越，
抱持著不同的立場、
不同的文化、
不同的價值觀的人
如果無法互相幫助，
我們就無法生存。
所以無論是多麼
不好應付的對象，
也不要馬上放棄對話。

……
……嗯，
約好了！
消失——
謝謝。
她走了……
總覺得好像一場夢。
以夢來說也太眞實了吧。
……夢……
才不是夢呢，
因爲我們絕對不會忘記的。
嗯。
就是啊。

監修者的話

家人和朋友之間的會話、平時上課、社團活動等，我們在一整天會有許多與別人溝通的機會。有直接面對面進行的、也有不少是透過手機的情況。可以的話，我們當然還是希望溝通能夠圓融對吧？但是和目標爲加深彼此感情的「會話」相比，用來解決問題的「對話」，經常會出現不太順利的情況。

然而在學校學習對話方法的機會並不是那麼多。我自己也是在政府會議等各種場合裡累積了許多對話的經驗，但還是常常想著這應該怎麼做比較好呢？辛辛苦苦尋找解決之道。因此我非常強烈的想著，希望大家都能夠盡可能在比較早的時期學習對話的手法。

我另外還有撰寫給高中生、大學生甚至社會人士用的「交涉學」書籍。各位在讀完本書以後，還請務必把那些書籍當成下一個階段去挑戰看看。我們一輩子近在家庭內，廣泛到商場上的各種情境中，難免需要進行交涉。而交涉的手法就在「對話」的延長線上，如果想要更加深入學習，那門學問就是「交涉學」。交涉有個比「對話」更大的前提，就是像買方與賣方這樣雙方立場對立的情況。因此交涉可以說是需要等級更高的溝通能力。

我們如今活在一個相當不穩定且變化劇烈的世界當中。完善將自己的想法和意見傳達給周遭之人、將大家都拖下水來解決

問題，這個力量想必會成爲讓你能夠在往後世界活下去的強悍武器。當然，對於實現自己的夢想也相當有幫助。我打從心底期望大家能夠透過本書培養出那樣的溝通能力。

慶應義塾大學名譽教授　田村次朗

【參考文獻】

○ダニエル・L・シャピロ著、田村次朗・隅田浩司監譯、金井眞弓譯《決定版 ネゴシエーション3・0 解決不能な対立を心理学的アプローチで乗り越える》ダイヤモンド社、二〇二〇年

○納富信留《対話の技法》笠間書院、二〇二〇年

○堀田美保《アサーティブネス その実践に役立つ心理学》ナカニシヤ出版、二〇一九年

○細川英雄《対話をデザインする》ちくま新書、二〇一九年

○ジャック・ナシャー著、安原実津譯《望み通りの返事を引き出すドイツ式交渉術》早川書房、二〇一九年

○松浦正浩《おとしどころの見つけ方 世界一やさしい交渉学入門》クロスメディア・パブリッシング、二〇一八年

○瀧本哲史《武器としての交渉思考》星海社、二〇一二年

○ロバート・B・チャルディーニ著、社会行動研究会譯《影響力の武器 なぜ、人は動かされるのか〔第三版〕》誠信書房、二〇一四年

○ディーパック・マルホトラ＆マックス・H・ベイザーマン著、森下哲朗監譯、高遠裕子譯《交渉の達人 いかに障害を克服し、すばらしい成果を手にするか》日本経済新聞出版、二〇一〇年

○スティーブン P・ロビンス著、髙木晴夫譯《組織行動のマネジメント 入門から実践へ〔新版〕》ダイヤモンド社、二〇〇九年

○ロジャー・フィッシャー＆ダニエル・シャピロ著、印南一路譯《新ハーバード流交渉術 感情をポジティブに活用する》講談社、二〇〇六年

○加藤昌治《考具 考えるための道具、持っていますか？》CCCメディアハウス、二〇〇三年

○ウィリアム・ユーリー著、斎藤精一郎譯《ハーバード流〝NO〟と言わせない交渉術：決定版》三笠書房、二〇〇〇年

○ロジャー・フィッシャー＆ウィリアム・ユーリー著、金山宣夫・浅井和子編譯《ハーバード流交渉術 イエスを言わせる方法》三笠書房、一九九〇年

國家圖書館出版品預行編目(CIP)資料

現在開始－擁有對話力：給未來的你，不再害怕對話的力量／田村次朗監修；黃詩婷譯. -- 初版. -- [臺北市]：愛米粒出版有限公司，2024.05

304面；14.8x21公分. --（愛讀本；013）

譯自：13歳からの対話力

ISBN 978-626-98325-3-8（平裝）

1.CST：談判　2.CST: 溝通技巧

177.4　　113003686

愛讀本 013

現在開始－擁有對話力：給未來的你，不再害怕對話的力量

13歳からの対話力

監修　田村次朗
封面插圖・漫畫　くりたゆき
漫畫協力　あさいじょう、おくいあむ
內頁插圖　くりたゆき、若田紗希
內頁設計　APRON（植草可純、前田歩来）
執筆協力　尾関友詩（株式会社ユークラフト）

漫畫原作　大江智子
譯者　黃詩婷

出版者　愛米粒出版有限公司
地址　台北市10445中山北路二段26巷2號2樓
編輯部專線　(02) 25622159
傳真　(02) 25818761

發行人　陳銘民
總編輯　陳品蓉
封面設計　陳碧雲
美術設計　張蘊方
印刷　上好印刷股份有限公司
電話　(04) 2315-0280
初版　2024年5月15日

定價　350元
讀者專線　TEL：(02) 23672044 / (04) 23595819#212
FAX：(02) 23635741 / (04) 23595493
FE-mail：service@morningstar.com.tw
郵政劃撥　15060393（知己圖書股份有限公司）
法律顧問　陳思成
國際書碼　978-626-98325-3-8

Emily Publishing Company, Ltd.

因為閱讀，我們放膽作夢，恣意飛翔。
在看書成了非必要奢侈品，文學小說式微的年代，
愛米粒堅持出版好看的故事，
讓世界多一點想像力，多一點希望。

愛米粒FB　　填寫線上回函卡送購書優惠券